DESARROLLO PSICOSOCIAL

UNA GUÍA DE LA PSICOLOGÍA ERIKSONIANA

TABLA DE CONTENIDO

INTRODUCCIÓN AL DESARROLLO PSICOSOCIAL

La definición del desarrollo psicosocial

En el campo de la psicología del desarrollo, el desarrollo psicosocial se refiere a una compleja interacción entre factores psicológicos e influencias sociales que configuran el crecimiento y la maduración del individuo. El trabajo pionero de Erik Erikson enfatizó la importancia de este proceso multifacético, que va más allá de los meros cambios biológicos. Un aspecto central de este concepto es la noción de que el desarrollo humano está vinculado a las interacciones continuas con el entorno social, abarcando la dinámica familiar, los valores culturales y las expectativas sociales. Comprender el desarrollo psicosocial implica profundizar en la formación dinámica de la identidad y el autoconcepto de un individuo, que se configura mediante procesos psicológicos internos y fuerzas sociales externas.

La importancia del desarrollo psicosocial en el crecimiento humano es fundamental, ya que proporciona una profunda comprensión de las complejidades del comportamiento, la cognición y las experiencias emocionales humanas. Al examinar la interconexión entre la identidad personal y el contexto social, este marco ofrece una comprensión integral de cómo las personas gestionan los desafíos y las transiciones a lo largo de la vida. Además, aclara el papel crucial de las relaciones interpersonales, las normas culturales y los dilemas existenciales en la evolución del sentido de identidad y propósito de cada individuo. Asimismo, esta perspectiva del desarrollo subraya la naturaleza adaptativa de los seres humanos, enfatizando la capacidad de resiliencia y el crecimiento transformador ante las adversidades y las transiciones vitales.

El desarrollo psicosocial abarca diversos aspectos como la regulación emocional, el razonamiento moral y la formación de relaciones íntimas. Arroja luz sobre la adquisición progresiva de habilidades sociales, valores éticos y competencia cultural, esenciales para la participación activa en la sociedad. Además, este paradigma del desarrollo reconoce la necesidad fundamental de que las personas forjen un sentido coherente de identidad, imbuido de una autonomía equilibrada y de interconexión con su entorno social. Al dilucidar la interacción entre la autonomía personal y las expectativas sociales, la teoría del desarrollo psicosocial tiene profundas implicaciones para fomentar un desarrollo saludable y promover el bienestar general.

El papel de la formación de la identidad

La formación de la identidad es un aspecto crucial del desarrollo psicosocial, que representa la forma en que las personas se perciben y definen a sí mismas en el entorno social. Este proceso, según Erik Erikson, va más allá del mero autoconcepto y abarca una profunda comprensión del lugar que uno ocupa en la sociedad, la cultura y las relaciones interpersonales. Un aspecto central de este concepto es la noción de que la identidad no es estática, sino que evoluciona a través de una serie de etapas y experiencias, configurando finalmente la visión del mundo y las interacciones del individuo con los demás. El desarrollo de la identidad comienza en la primera infancia y continúa a lo largo de la vida, influenciado por diversos factores como la dinámica familiar, el contexto cultural, las experiencias educativas y las interacciones sociales.

La teoría de Erikson enfatiza el papel de las crisis o conflictos en cada etapa del desarrollo, particularmente durante la adolescencia y la adultez temprana, donde la lucha por la identidad se intensifica. Estos períodos críticos impulsan a las personas a explorar diferentes roles, valores y sistemas de creencias, lo que a menudo conduce a un período de introspección y autodescubrimiento. La incapacidad para gestionar con éxito estos desafíos puede resultar en confusión de identidad, un estado caracterizado por la falta de dirección y un sentido fragmentado de sí mismo. Por el contrario, la resolución exitosa de estos conflictos conduce al establecimiento de una identidad sólida y coherente, que proporciona a las personas un sentido de propósito y dirección.

Las perspectivas contemporáneas sobre la identidad reconocen su naturaleza multidimensional, abarcando no solo los atributos y características personales, sino también las influencias sociales, culturales y situacionales. Esta perspectiva ampliada reconoce que la identidad se configura no solo por reflexiones internas, sino también por fuerzas externas, incluyendo el impacto de las normas sociales, las dinámicas comunitarias y los contextos históricos. En consecuencia, la formación de la identidad es un proceso complejo y dinámico que se desarrolla dentro de un marco social más amplio, moldeado por las interacciones y negociaciones continuas entre el individuo y su entorno.

Es importante destacar que la formación de la identidad no es una progresión lineal, sino un proceso cíclico e iterativo, marcado por la exploración, la adaptación y la autorredefinición continuas. Las personas pueden revisar y reevaluar sus identidades en respuesta a las circunstancias cambiantes de la vida, las prioridades cambiantes y la evolución de sus relaciones. De esta manera, el concepto de identidad se mantiene fluido y abierto a la reinterpretación, lo que permite el crecimiento y la transformación con el tiempo.

La interacción entre la sociedad y el individuo

El concepto de desarrollo psicosocial se entrelaza con la interacción entre el individuo y su entorno social. Esta interacción moldea el progreso del individuo a través de las distintas etapas del desarrollo. La sociedad actúa como el contexto en el que los individuos transitan su crecimiento psicológico y la formación de su identidad. Proporciona el contexto cultural, social e histórico en el que cada persona evoluciona, lo que lleva a la formación de un conjunto único de creencias, valores y patrones de comportamiento.

No se puede ignorar la influencia de las normas, tradiciones y expectativas sociales en el desarrollo individual. Desde los primeros años de formación hasta las etapas posteriores de la vida, el contexto social desempeña un papel fundamental en la configuración de las experiencias y los desafíos que enfrentan las personas. Las expectativas que la sociedad impone a las personas inciden significativamente en su desarrollo psicosocial, impulsándolas a afrontar y resolver demandas y presiones conflictivas en las distintas etapas del desarrollo.

La interacción entre la sociedad y el individuo va más allá de las meras influencias externas. Los individuos contribuyen activamente a la construcción y perpetuación de las normas y valores sociales, estableciendo así una relación recíproca con el marco social más amplio. Esta participación activa se observa en la forma en que los individuos buscan integrar sus creencias y aspiraciones personales con los constructos sociales imperantes, lo que a menudo culmina en una constante negociación entre la conformidad y la individualidad.

El concepto de identidad social está profundamente arraigado en el marco psicosocial. Las personas desarrollan su identidad a partir de sus interacciones y relaciones con los demás en sus entornos sociales, lo que en última instancia contribuye a la evolución de sus identidades. Este proceso dinámico implica la internalización de roles sociales, expectativas y normas culturales, a la vez que se busca la autenticidad y la autonomía personales dentro del tejido social.

La interacción entre la sociedad y el individuo introduce un rico entramado de complejidades en la comprensión del desarrollo psicosocial. Resalta la naturaleza dinámica y fluida de la formación de la identidad humana, enfatizando las continuas negociaciones y adaptaciones necesarias para que los individuos armonicen su crecimiento personal con el entorno social. Reconocer esta interacción es esencial para comprender los procesos multifacéticos que subyacen al desarrollo psicosocial de los individuos en diversos contextos culturales, sociales e históricos.

Etapas psicosociales

El desarrollo psicosocial, según lo conceptualizó Erik Erikson, se estructura en torno a una serie de etapas diferenciadas que un individuo atraviesa desde la infancia hasta la adultez avanzada. Cada etapa se caracteriza por una crisis o desafío psicosocial único que debe resolverse para que se produzca un desarrollo saludable. La teoría de Erikson enfatiza la importancia del entorno social y cultural del individuo en la configuración de su desarrollo, destacando la interacción dinámica entre las experiencias personales y las influencias sociales.

La primera etapa, Confianza versus Desconfianza, ocurre durante la infancia y se centra en el desarrollo de la confianza en uno mismo y en el mundo. Le sigue de cerca la etapa de Autonomía versus vergüenza y duda, donde los niños pequeños se esfuerzan por desarrollar un sentido de independencia mientras gestionan las expectativas sociales. Los años preescolares anuncian el inicio de la etapa de Iniciativa versus culpa, marcada por la exploración del entorno y el desarrollo de un propósito. Estas primeras etapas sientan las bases para el desarrollo psicosocial posterior, moldeando la percepción que el individuo tiene de sí mismo y de sus relaciones con los demás.

Al entrar en la escuela primaria, los niños se enfrentan a la etapa de Industria versus Inferioridad, durante la cual buscan adquirir competencias y habilidades acordes con los estándares sociales. La adolescencia da paso a la etapa de Identidad versus Confusión de Rol, donde las personas lidian con cuestiones de identidad y propósito. Este es un período de introspección y exploración significativas, vital para establecer un sentido coherente de sí mismos. La adultez temprana abarca la etapa de Intimidad versus Aislamiento, centrada en la formación de relaciones significativas y el fomento de la conexión con los demás.

Las etapas posteriores, Generatividad versus Estancamiento e Integridad versus Desesperación, resumen los desafíos que se enfrentan en la adultez media y tardía, respectivamente. Estos períodos impulsan a las personas a reflexionar sobre sus contribuciones a la sociedad y a evaluar el significado y la plenitud alcanzados a lo largo de sus vidas. Cada etapa representa un punto crítico en el camino del desarrollo psicosocial, marcando la evolución de la identidad individual, las dinámicas interpersonales y el bienestar general.

El enfoque del desarrollo a lo largo de la vida

El enfoque del desarrollo a lo largo de la vida es un aspecto fundamental de la teoría psicosocial, que enfatiza la naturaleza continua y dinámica del crecimiento humano en todas las etapas de la vida. A diferencia de otras teorías del desarrollo que se centran principalmente en la infancia o la adolescencia, la teoría psicosocial de Erikson reconoce que el desarrollo ocurre a lo largo de toda la vida, abarcando la infancia, la niñez, la adolescencia, la adultez y la vejez. Esta perspectiva integral proporciona una comprensión holística de la evolución de las identidades, relaciones y roles sociales de los individuos a medida que progresan por las diferentes etapas de la vida.

En el centro del enfoque del ciclo vital se encuentra el reconocimiento de la interconexión entre las experiencias tempranas y las etapas posteriores del desarrollo. Según Erikson, cada etapa presenta desafíos y oportunidades únicos para el crecimiento psicológico y la formación de la identidad. La resolución exitosa de una etapa sienta las bases para abordar los desafíos posteriores, contribuyendo al bienestar psicosocial general del individuo. Además, el enfoque del ciclo vital subraya la importancia de la adaptación y el ajuste continuos a las cambiantes exigencias del entorno y a los procesos psicológicos internos. Reconoce que el desarrollo no se limita a períodos puntuales, sino que se desarrolla continuamente a medida que los individuos experimentan nuevas experiencias y afrontan dilemas interpersonales e intrapersonales en constante evolución.

El enfoque del ciclo vital enfatiza la relevancia de las influencias socioculturales en el desarrollo en diferentes grupos de edad.

Reconoce que las expectativas sociales, las normas culturales y los contextos históricos moldean las experiencias y respuestas de las personas en las distintas etapas de su vida. Por ejemplo, los desafíos que enfrenta un adolescente en una sociedad tradicional pueden diferir significativamente de los que enfrenta una persona en una comunidad moderna y urbanizada, lo que resalta la necesidad de considerar diversas perspectivas culturales al examinar el desarrollo psicosocial.

Desde una perspectiva clínica, el enfoque a lo largo de la vida fundamenta estrategias de intervención y enfoques terapéuticos adaptados a las necesidades específicas de las personas en sus distintas etapas de desarrollo. Subraya la importancia de reconocer y adaptar las diferencias relacionadas con la edad en los mecanismos de afrontamiento, la regulación emocional y los patrones relacionales. Al incorporar los principios del enfoque a lo largo de la vida, los profesionales de la salud mental pueden diseñar intervenciones más eficaces que se ajusten a las trayectorias de desarrollo de los pacientes y promuevan el funcionamiento adaptativo a lo largo de la vida.

Impacto e influencia en los estudios psicológicos

A lo largo de los años, investigadores y académicos se han basado ampliamente en el marco de Erik Erikson, utilizándolo como una perspectiva para comprender las complejidades del comportamiento humano y la formación de la identidad. La naturaleza integradora de la teoría del desarrollo psicosocial ha permeado diversas áreas de la psicología, contribuyendo a una comprensión más profunda de la interacción entre las experiencias individuales y las influencias sociales.

Una de las contribuciones fundamentales de la teoría de Erikson reside en su énfasis en la naturaleza holística del desarrollo a lo largo de la vida. Al conceptualizar el crecimiento humano como una serie de etapas distintas pero interconectadas, la teoría permite a los investigadores explorar la dinámica matizada de la maduración psicológica desde la infancia hasta la vejez. Este enfoque a lo largo de la vida ha proporcionado una base integral para el estudio de las trayectorias multifacéticas del desarrollo humano, fomentando así una comprensión más unificada del Yo en evolución en relación con los contextos sociales, culturales e históricos.

El marco del desarrollo psicosocial ha influido significativamente en las metodologías de investigación, fomentando la colaboración interdisciplinaria y la exploración innovadora de los fenómenos del desarrollo. Su aplicabilidad trasciende el discurso teórico y permea las investigaciones empíricas que buscan desentrañar las complejidades de la formación de la identidad, las relaciones interpersonales y la adaptación psicosocial. Mediante estudios longitudinales, comparaciones interculturales e investigaciones cualitativas, los investigadores han aprovechado los principios teóricos del desarrollo psicosocial para desentrañar las complejidades de la experiencia humana, arrojando luz sobre el impacto perdurable de las experiencias tempranas y los mecanismos adaptativos que se invocan a lo largo de las diversas etapas de la vida.

Además, los conocimientos adquiridos a partir de la teoría del desarrollo psicosocial han repercutido en diversos ámbitos, como la psicología clínica, la psicología educativa y la consejería. En el ámbito clínico, la definición de las tareas y los desafíos del desarrollo en cada etapa ha fundamentado las evaluaciones diagnósticas, las intervenciones terapéuticas y la planificación del tratamiento, mejorando así la eficacia de la práctica psicológica. En el ámbito educativo, los educadores han empleado los principios del desarrollo psicosocial para fomentar entornos de aprendizaje propicios y facilitar el bienestar psicosocial del alumnado, reconociendo la relación recíproca entre el crecimiento cognitivo y el emocional.

Principales contribuciones e innovaciones

El trabajo pionero de Erikson revolucionó el estudio del desarrollo humano al enfatizar la importancia de toda la vida e integrar factores sociales y psicológicos. Una de las contribuciones más notables de la teoría de Erikson es su reconocimiento del papel de la cultura y la sociedad en la configuración del desarrollo individual. Al introducir el concepto de formación de la identidad como un aspecto central del crecimiento humano, Erikson cambió el paradigma de la psicología del desarrollo hacia la comprensión de la compleja interacción entre los factores personales y sociales.

El énfasis de Erikson en el andamiaje de las etapas psicosociales a lo largo de la vida desafió el enfoque predominante en la infancia en las teorías del desarrollo anteriores y amplió el alcance de la psicología del desarrollo para abarcar la adultez y la vejez. Este enfoque holístico ha transformado las prácticas clínicas y terapéuticas al destacar la naturaleza continua del desarrollo de la identidad y el potencial de crecimiento y cambio en cualquier etapa de la vida. Además, la identificación de Erikson de las crisis psicosociales clave en cada etapa proporcionó a los profesionales información valiosa para comprender y abordar los desafíos que las personas pueden enfrentar en diferentes momentos de sus vidas.

Otra contribución significativa reside en la articulación de Erikson de la estrecha relación entre el individuo y la sociedad. Su teoría enfatizó el impacto de los contextos culturales, históricos y sociales en el desarrollo individual, ampliando la comprensión del campo sobre cómo los factores externos configuran la identidad y el comportamiento personal. La teoría continúa ofreciendo perspectivas invaluables para los investigadores que examinan la influencia de las normas sociales, la dinámica familiar y los eventos históricos en el desarrollo individual. La teoría de Erikson también sentó las bases para la colaboración interdisciplinaria, fomentando conexiones entre la psicología, la sociología, la antropología y la educación para comprender mejor las complejidades del desarrollo humano en diversos contextos culturales.

De manera innovadora, la teoría de Erikson proporcionó un marco que no solo ofrecía descripciones del desarrollo psicosocial, sino que también promovía la investigación aplicada y las intervenciones. Se ha convertido en una herramienta fundamental para profesionales clínicos, educadores y legisladores, guiándolos en el reconocimiento y el abordaje de problemas psicológicos en las distintas etapas de la vida. Además, la visión de Erikson sobre la generatividad y el legado ha influido en los estudios sobre el envejecimiento, las relaciones intergeneracionales y las contribuciones sociales, arrojando luz sobre las implicaciones sociales más amplias del desarrollo individual.

Las características distintivas de la teoría

Las características distintivas de la teoría del desarrollo psicosocial de Erikson la distinguen como un marco innovador e influyente en el campo de la psicología del desarrollo. Una de las características más notables es su enfoque holístico, que abarca tanto los factores psicológicos como los sociales que influyen en el desarrollo humano. A diferencia de otras teorías que se centran únicamente en los procesos psicológicos internos o en las influencias sociales externas, la teoría de Erikson reconoce la interacción entre el individuo y su contexto sociocultural. Esta perspectiva integradora permite una comprensión más completa de las complejidades del crecimiento y la maduración humana.

Otra característica clave de la teoría de Erikson es su énfasis en el enfoque del desarrollo a lo largo de la vida. Al delinear ocho etapas psicosociales distintas que abarcan desde la infancia hasta la vejez, la teoría ofrece una exploración matizada de los diversos desafíos e hitos que las personas enfrentan en diferentes momentos de sus vidas. Este amplio alcance temporal subraya el reconocimiento de Erikson del desarrollo continuo y la naturaleza dinámica de las experiencias humanas a lo largo de la vida.

La noción de formación de la identidad constituye un pilar central de la teoría de Erikson, lo que la distingue de las perspectivas psicoanalíticas anteriores. Erikson postuló que la consecución de un sentido de identidad cohesivo y coherente, moldeado por las interacciones con la sociedad y las reflexiones personales, es fundamental para un desarrollo psicosocial saludable. Este enfoque único en la identidad sitúa la teoría de Erikson a la vanguardia de la investigación sobre la identidad del Yo y el autoconcepto, contribuyendo significativamente a la comprensión de las diferencias individuales y el impacto de las interacciones sociales en la construcción de la identidad.

Además, el concepto de Erikson de las crisis psicosociales como momentos cruciales del desarrollo distingue su teoría de otras. Cada etapa se caracteriza por una crisis psicosocial específica, que plantea a los individuos un desafío fundamental que debe gestionarse para avanzar con éxito a la siguiente etapa. Estas crisis sirven como momentos decisivos que impulsan el crecimiento personal y configuran el funcionamiento psicosocial posterior. La descripción estructurada de estas crisis que ofrece la teoría proporciona un marco para analizar e interpretar las diversas trayectorias de desarrollo observadas en los individuos.

La sensibilidad cultural inherente a la teoría de Erikson la distingue como un marco de aplicación global para comprender el desarrollo psicosocial. Al reconocer el impacto de las variaciones culturales y las normas sociales en las experiencias psicosociales de los individuos, la teoría subraya la importancia de considerar diversos contextos culturales en la investigación y la práctica del desarrollo. Este enfoque inclusivo promueve una comprensión más profunda de los aspectos universales y culturalmente específicos del desarrollo humano.

Terminología y conceptos clave

En el marco de la teoría del desarrollo psicosocial, varios términos y conceptos clave desempeñan un papel fundamental en la comprensión de las complejidades del crecimiento y la maduración humana. Estos términos no solo constituyen la base de la perspectiva teórica de Erik Erikson, sino que también presentan un marco integral para evaluar la dinámica de la formación de la identidad individual en el contexto social. Uno de los conceptos centrales es la «crisis de identidad», que denota la etapa crucial en la vida de un individuo, caracterizada por la lucha por establecer un sentido de identidad y propósito. Este término encapsula la esencia de la teoría eriksoniana, enfatizando el proceso de transformación continuo desde la adolescencia hasta la edad adulta. Otro concepto crucial son las «expectativas sociales», que se refieren a las normas, valores y roles sociales que influyen en el desarrollo psicológico de un individuo. Estas influencias externas moldean el autoconcepto del individuo y contribuyen a la construcción de su identidad. Además, el concepto de «etapas psicosociales» constituye la piedra angular de esta teoría del desarrollo, al dilucidar la progresión a través de distintas fases de la vida, cada una con desafíos y oportunidades únicos para el crecimiento personal. Cada etapa, marcada por tareas específicas del desarrollo, no solo impacta el bienestar cognitivo y emocional del individuo, sino que también moldea sus interacciones con el entorno social. Asimismo, el concepto de "intimidad versus aislamiento" explora la interacción crucial entre la formación de relaciones significativas y el mantenimiento de la autonomía en la edad adulta. Destaca las complejidades que enfrentan las personas al establecer conexiones profundas, preservando al mismo tiempo su independencia. Asimismo, la "influencia cultural" subraya la importancia de los factores sociales y culturales en la configuración del desarrollo psicológico del individuo, reconociendo las diversas variaciones contextuales en la experiencia de los hitos psicosociales en diferentes entornos culturales. Por último, el concepto de "confianza versus desconfianza" ilumina las experiencias fundamentales durante la infancia y la primera infancia que sientan las bases de la percepción individual del mundo y las relaciones.

CONTEXTO HISTÓRICO Y FUNDAMENTOS

Perspectivas sobre el desarrollo humano anteriores al siglo XX

En la antigüedad, filósofos griegos como Sócrates, Platón y Aristóteles realizaron importantes contribuciones a la comprensión de la naturaleza y el crecimiento humanos. Sus indagaciones filosóficas exploraron las características inherentes de los individuos y examinaron el desarrollo del potencial humano. Mientras tanto, en la filosofía oriental, eruditos como Confucio y Laozi profundizaron en la interconexión entre las normas sociales y la maduración individual.

Durante la Edad Media, las perspectivas religiosas influyeron considerablemente en la percepción del desarrollo humano. Los escritos de Agustín de Hipona y Tomás de Aquino enfatizaron el aspecto espiritual del crecimiento, postulando que los individuos evolucionaban a través de su relación con lo divino. Este marco teológico moldeó las creencias sobre el progreso moral y cognitivo de los individuos en la sociedad.

El Renacimiento presenció un resurgimiento del interés por la observación empírica y los valores humanísticos. Pensadores como Leonardo da Vinci y Miguel Ángel exploraron la forma humana y la psique, marcando el comienzo de una era de curiosidad e introspección. Además, la Ilustración introdujo nuevas perspectivas sobre el desarrollo humano, con filósofos como John Locke y Jean-Jacques Rousseau proponiendo teorías sobre la formación de la identidad y la influencia de las experiencias en el crecimiento personal.

En las culturas indígenas de todo el mundo, la sabiduría tradicional y las prácticas culturales aportaron valiosas perspectivas sobre el desarrollo humano. Las tribus nativas americanas, las sociedades africanas y las comunidades aborígenes compartían creencias únicas sobre la maduración de los individuos en sus respectivos contextos, enfatizando la interdependencia de los seres humanos con la naturaleza y la comunidad.

Principios del siglo XX - El auge del pensamiento psicoanalítico

A principios del siglo XX, el pensamiento psicoanalítico emergió como una fuerza transformadora en el campo de la psicología. Impulsado por Sigmund Freud, este enfoque revolucionario buscó explorar y comprender las complejidades de la mente humana, desvelando las motivaciones y deseos inconscientes que configuran el comportamiento y el desarrollo. En esencia, el psicoanálisis representó un cambio de paradigma, desafiando las perspectivas tradicionales sobre el comportamiento humano y sentando las bases para futuras teorías del desarrollo. La obra pionera de Freud profundizó en las profundidades del inconsciente, introduciendo conceptos como el Ello, el Yo y el Superyó, y promoviendo la práctica de la psicoterapia.

En medio de la efervescencia intelectual de principios del siglo XX, el pensamiento psicoanalítico cobró fuerza, captando la atención de académicos, clínicos y pensadores de diversas disciplinas. Su énfasis en la interacción entre las experiencias de la primera infancia, los recuerdos reprimidos y la formación de la personalidad conectó con una sociedad que atravesaba profundas convulsiones sociales y culturales. Este período marcó un punto de inflexión en la comprensión de la naturaleza humana, marcando el comienzo de una era de introspección y autoexploración.

Las provocativas ideas de Freud suscitaron apasionados debates y controversias, impulsando una ferviente búsqueda del conocimiento y la comprensión psicológica. A medida que sus teorías adquirieron prominencia, permearon diversos ámbitos de la investigación humana, influyendo en la literatura, el arte y la filosofía. Además, el floreciente campo de la psicología del desarrollo se inspiró en el psicoanálisis, buscando dilucidar la dinámica del crecimiento y la maduración humanos.

El auge del pensamiento psicoanalítico coincidió también con un creciente interés por el subconsciente, lo que allanó el camino para una sólida investigación de los sueños, el simbolismo y las fuerzas subyacentes que rigen el comportamiento humano. Esta época presenció el florecimiento de estudios de caso exhaustivos y observaciones clínicas, que enriquecieron nuestra comprensión de la psique humana y las complejidades del desarrollo emocional.

Influencia del psicoanálisis de Freud

Las teorías pioneras de Sigmund Freud, en particular las relacionadas con la mente inconsciente, el desarrollo psicosexual y los mecanismos de defensa, han tenido una profunda influencia en el estudio del comportamiento y el desarrollo humanos. El énfasis de Freud en el papel de las experiencias de la primera infancia en la formación de la personalidad sentó las bases de muchas teorías psicológicas posteriores, incluida la teoría del desarrollo psicosocial de Erik Erikson.

Uno de los principios centrales de la teoría psicoanalítica de Freud es la división de la mente en tres componentes: el Ello, el Yo y el Superyó. Este modelo estructural proporcionó un marco para comprender la dinámica de la psique humana y continúa influyendo en el pensamiento psicoanalítico contemporáneo. Además, el concepto freudiano de la mente inconsciente como depósito de recuerdos y deseos reprimidos ha permeado la cultura popular e influido en obras literarias y artísticas.

La teoría del desarrollo de Freud, centrada en las etapas del desarrollo psicosexual, también introdujo ideas novedosas sobre el impacto de las experiencias tempranas en la personalidad y el comportamiento adultos. Si bien algunos aspectos de las teorías de Freud han sido objeto de críticas y revisiones, sus contribuciones fundamentales a la comprensión del desarrollo humano son innegables.

La exploración freudiana de los mecanismos de defensa, como la represión, la proyección y la racionalización, ha sido fundamental para la investigación posterior sobre las estrategias de afrontamiento y el funcionamiento adaptativo. Estos conceptos son relevantes no solo en contextos clínicos, sino también en las interacciones y relaciones sociales cotidianas.

Además, los métodos freudianos de asociación libre y análisis de los sueños sentaron las bases de técnicas terapéuticas que aún se utilizan en la psicoterapia moderna. El legado perdurable del enfoque psicoanalítico de Freud refleja el impacto perdurable de sus ideas tanto en la práctica clínica como en la investigación académica en psicología.

Surgimiento de los enfoques neofreudianos

A principios y mediados del siglo XX, el creciente interés por avanzar y revisar las teorías psicoanalíticas de Sigmund Freud dio origen a una nueva ola de perspectivas psicológicas conocidas como enfoques neofreudianos. Estos influyentes pensadores buscaron profundizar en la obra fundacional de Freud, abordando al mismo tiempo sus limitaciones y ampliando su alcance para abarcar una comprensión más amplia del comportamiento y el desarrollo humanos.

Una de las figuras centrales de este movimiento fue Alfred Adler, quien introdujo el concepto de psicología individual y enfatizó el papel de los factores sociales y culturales en la formación de la personalidad. Adler se apartó del énfasis de Freud en los instintos sexuales inconscientes y propuso que los sentimientos de inferioridad y la búsqueda de superioridad eran fuerzas impulsoras fundamentales del comportamiento humano. Esta desviación de la ortodoxia freudiana sentó las bases para una visión más holística del desarrollo psicosocial.

Otra figura destacada del movimiento neofreudiano fue Carl Jung, quien propuso el concepto del inconsciente colectivo y los arquetipos como determinantes influyentes de la experiencia humana. El enfoque de Jung en las dimensiones simbólicas y espirituales de la psique amplió el alcance del psicoanálisis más allá del marco exclusivamente biológico e instintivo de Freud, marcando el comienzo de un enfoque más inclusivo y culturalmente sensible para comprender el desarrollo humano.

Karen Horney, psicoanalista pionera, cuestionó las perspectivas androcéntricas de Freud e introdujo el concepto de ansiedad básica, destacando la importancia de las influencias socioculturales en la formación de la personalidad. El énfasis de Horney en el papel de las expectativas sociales y las relaciones interpersonales en la configuración del bienestar psicológico individual contribuyó a un enfoque más matizado y socialmente consciente dentro del psicoanálisis.

Erik Erikson, cuya revolucionaria teoría psicosocial exploraremos en detalle, estuvo profundamente influenciado por la tradición neofreudiana. Basándose en conceptos freudianos y posfreudianos, Erikson amplió el panorama teórico integrando dimensiones sociales, culturales e históricas en su marco de desarrollo, proporcionando así una comprensión más completa de la formación de la identidad y el proceso de crecimiento humano a lo largo de la vida.

Influencias sociales y culturales en la teoría del desarrollo

El impacto de la sociedad, la comunidad y la cultura en el desarrollo psicosocial de las personas ha sido objeto de amplia investigación y debate en el campo de la psicología. Desde una perspectiva social, los teóricos han explorado los efectos de las interacciones sociales, las relaciones y las normas sociales en el desarrollo psicológico individual. Conceptos clave como la teoría del apego, la teoría del aprendizaje social y la importancia de la dinámica familiar han arrojado luz sobre la importancia de las relaciones interpersonales en la formación del sentido de identidad y el bienestar emocional. Además, no se puede subestimar la influencia de instituciones sociales, como la educación, la religión y los medios de comunicación, en la formación de actitudes, valores y sistemas de creencias.

La diversidad cultural es otra dimensión crucial que influye significativamente en la teoría del desarrollo. El reconocimiento de la diversidad de orígenes culturales, tradiciones y costumbres ha permitido reconocer las diversas trayectorias de desarrollo que experimentan las personas de diferentes contextos culturales. Los investigadores han enfatizado la necesidad de incorporar la sensibilidad y la conciencia cultural en la formulación de marcos de desarrollo, reconociendo que los hitos normativos del desarrollo pueden diferir entre culturas.

La interseccionalidad de los factores sociales y culturales complica aún más la comprensión del desarrollo humano. Cuestiones de género, raza, etnia y estatus socioeconómico se entrecruzan con las dimensiones sociales y culturales, configurando experiencias de desarrollo únicas que exigen una cuidadosa consideración en las teorías psicológicas. Examinar el impacto de la discriminación, los prejuicios y la marginación en el desarrollo psicosocial de las personas es esencial para abordar las desigualdades sistémicas y promover modelos de desarrollo inclusivos.

A medida que la psicología del desarrollo continúa evolucionando, los académicos reconocen cada vez más la necesidad de integrar las perspectivas sociales y culturales en los marcos teóricos. Este enfoque holístico no solo enriquece nuestra comprensión del desarrollo humano, sino que también fundamenta intervenciones y prácticas que buscan apoyar a las personas en diversos contextos sociales y culturales.

El papel del medio ambiente en el desarrollo humano

A medida que las personas interactúan con su entorno físico, social y cultural, se ven influenciadas por una multitud de factores que, en conjunto, contribuyen a su crecimiento psicológico y emocional. Desde la primera infancia hasta la edad adulta, el contexto ambiental en el que se encuentra una persona tiene un profundo impacto en su desarrollo cognitivo, emocional y social.

Los entornos físicos, como el hogar, la escuela y el vecindario, proporcionan el contexto en el que las personas experimentan el mundo. Estos espacios ofrecen oportunidades para la exploración, el aprendizaje y la interacción social, todo lo cual desempeña un papel importante en la formación de la trayectoria de desarrollo de una persona. Por ejemplo, un entorno familiar enriquecedor y estimulante puede fomentar el desarrollo de apegos seguros, la regulación emocional y las habilidades cognitivas en los niños pequeños, sentando las bases para un desarrollo socioemocional saludable.

El entorno social, incluyendo la dinámica familiar, las relaciones con los pares y las normas sociales, influye significativamente en el desarrollo de la identidad y las competencias sociales. La calidad de las relaciones dentro de la unidad familiar, la presencia de cuidadores comprensivos y confiables, y la naturaleza de las interacciones con los pares contribuyen a la formación del autoconcepto, las habilidades interpersonales y los patrones de comportamiento de una persona. Además, los contextos culturales y sociales más amplios configuran los valores, creencias y normas que guían la comprensión que una persona tiene de sí misma y de su lugar en el mundo.

El entorno también abarca factores históricos, económicos y políticos que influyen en las oportunidades y los desafíos que las personas enfrentan a lo largo de su vida. El estatus socioeconómico, el acceso a recursos y la exposición a la adversidad se entrelazan con el desarrollo individual, impactando su sentido de autonomía, resiliencia y bienestar socioemocional. Además, las actitudes sociales hacia la diversidad, la inclusión y la equidad contribuyen a la construcción de la identidad y la autoestima, especialmente entre los grupos marginados o subrepresentados.

Comprender la interacción entre las personas y sus entornos es esencial para comprender integralmente las complejidades del desarrollo humano. Al hacerlo, reconocemos la naturaleza dinámica y recíproca de esta relación, en la que los seres humanos moldean y son moldeados por los entornos en los que existen. Al reconocer los impactos multifacéticos del entorno en el desarrollo humano, podemos fundamentar mejor las intervenciones, políticas y sistemas de apoyo destinados a promover resultados positivos y fomentar el potencial de las personas en diversos contextos.

Investigación fundamental que conduce a la teoría psicosocial

El desarrollo de la teoría psicosocial se basó profundamente en la investigación fundamental en múltiples disciplinas, sentando las bases para las contribuciones fundamentales de Erik Erikson. Las primeras investigaciones sobre el comportamiento y el desarrollo humano, realizadas por académicos pioneros en psicología, sociología, antropología y biología, proporcionaron la base empírica y teórica sobre la que Erikson posteriormente construiría su modelo integral del desarrollo psicosocial.

Una de las líneas de investigación clave que influyó significativamente en la obra de Erikson fue el estudio del desarrollo infantil y el impacto de las experiencias tempranas en el funcionamiento psicológico posterior. Cabe destacar que la investigación pionera de psicólogos como John Bowlby y Mary Ainsworth sobre la teoría del apego y la importancia crucial de los apegos tempranos seguros sirvió como precursor crucial para la formulación de Erikson de la etapa de confianza frente a la de desconfianza en la infancia. Estos primeros estudios proporcionaron información esencial sobre la influencia de las relaciones tempranas y los factores ambientales en el desarrollo emocional y social del individuo.

Erikson se inspiró en las investigaciones antropológicas sobre prácticas y rituales culturales, que arrojaron luz sobre cómo las normas y valores sociales moldean la formación de la identidad individual. Las obras de antropólogas influyentes, como Margaret Mead y Ruth Benedict, ofrecieron perspectivas invaluables sobre el papel de la cultura en el desarrollo psicológico, lo que inspiró el reconocimiento de Erikson de la interacción entre las influencias individuales y sociales en la construcción de la identidad a lo largo de la vida.

Además de estas influencias, los avances en el campo de la biología proporcionaron bases esenciales para la integración del desarrollo psicosocial y biológico por parte de Erikson. La investigación sobre neurobiología y desarrollo cerebral, en particular la creciente comprensión de cómo la maduración neuronal se relaciona con el crecimiento cognitivo y emocional, contribuyó a la conceptualización holística del desarrollo humano por parte de Erikson. Este enfoque multidisciplinario fue fundamental para fomentar una comprensión matizada de las complejas interacciones entre los factores biológicos, psicológicos y sociales que configuran el ciclo vital de un individuo.

La comprensión evolutiva de los procesos cognitivos y el razonamiento moral en la psicología del desarrollo, evidenciada en las obras de Jean Piaget y Lawrence Kohlberg, enriqueció aún más el panorama teórico dentro del cual Erikson formuló sus etapas del desarrollo psicosocial. La síntesis de estos diversos cuerpos de investigación subrayó la interacción dinámica entre las dimensiones cognitiva, emocional y social del desarrollo humano, culminando en el influyente marco psicosocial de Erikson, que continúa moldeando la comprensión contemporánea del crecimiento y el desarrollo humano.

Influencia histórica de los acontecimientos mundiales en las teorías psicológicas

Acontecimientos mundiales como guerras, crisis económicas y movimientos culturales han influido significativamente en el desarrollo de las teorías psicológicas, incluyendo el surgimiento de la psicología del desarrollo. El convulso período de principios a mediados del siglo XX, marcado por dos guerras mundiales, la Gran Depresión y una agitación social sin precedentes, jugó un papel fundamental en la trayectoria del pensamiento psicológico. Estos acontecimientos no solo influyeron en el objeto de estudio de la psicología, sino que también impulsaron cambios de paradigma en la comprensión del comportamiento y el desarrollo humanos.

Las secuelas de la Primera Guerra Mundial impactaron profundamente el campo de la psicología, ya que investigadores y profesionales buscaban comprender los efectos psicológicos de la guerra en los individuos y la sociedad en su conjunto. Esto condujo a un enfoque más profundo en el trauma, la resiliencia y los efectos a largo plazo de la adversidad, sentando las bases para el desarrollo de teorías relacionadas con los mecanismos de afrontamiento y el crecimiento postraumático. Simultáneamente, la inestabilidad económica provocada por la Gran Depresión impulsó la investigación sobre el impacto psicológico de las dificultades socioeconómicas e impulsó las investigaciones sobre la relación entre los factores ambientales y el desarrollo cognitivo.

El auge de regímenes totalitarios, como el fascismo y el comunismo, subrayó la importancia de la identidad y la autonomía individual, impulsando a los teóricos de la psicología a profundizar en la interacción entre las influencias sociales y el desarrollo personal. El éxodo de intelectuales europeos durante la Segunda Guerra Mundial también contribuyó a la difusión global de diversas perspectivas psicológicas, lo que dio lugar a estudios transculturales y al reconocimiento de la universalidad de ciertos procesos de desarrollo.

Los movimientos por los derechos civiles del siglo XX, en particular en Estados Unidos, situaron los problemas de desigualdad, discriminación y justicia social en el primer plano del discurso público, fomentando una mayor conciencia del impacto de las estructuras sociales en el bienestar psicológico. Esto catalizó la integración de factores sociopolíticos en los marcos psicológicos, allanando el camino para teorías más integrales del desarrollo humano que daban cuenta de las influencias multifacéticas de la raza, la clase y el género.

Contribuciones interdisciplinarias a la psicología del desarrollo

Las colaboraciones interdisciplinarias han desempeñado un papel fundamental en la configuración del campo de la psicología del desarrollo. Una de las influencias interdisciplinarias clave en la psicología del desarrollo proviene de la sociología y la antropología. La perspectiva sociocultural ha destacado el impacto de las normas sociales, las prácticas culturales y las estructuras sociales en el desarrollo individual. A través de la investigación interdisciplinaria, los psicólogos del desarrollo han adquirido conocimientos sobre cómo los factores sociales influyen en la formación de la identidad, los roles de género y el desarrollo moral.

La integración de la neurociencia y la psicología del desarrollo ha dado lugar a descubrimientos revolucionarios sobre los fundamentos biológicos del desarrollo cognitivo y emocional. Los avances en las técnicas de neuroimagen han permitido a los investigadores explorar las conexiones entre el desarrollo cerebral y los cambios de comportamiento a lo largo de la vida. Al sintetizar los hallazgos de estas dos disciplinas, los investigadores han profundizado su comprensión de cómo los procesos neuronales influyen en el aprendizaje, la memoria y el comportamiento social.

Otra importante contribución interdisciplinaria surge de la intersección de la genética y la psicología del desarrollo. La llegada de la genética molecular y la epigenética ha revolucionado nuestra comprensión de cómo las predisposiciones genéticas interactúan con los factores ambientales para determinar los resultados del desarrollo. Esta colaboración ha generado valiosos conocimientos sobre la heredabilidad de los rasgos psicológicos, la susceptibilidad a los trastornos de salud mental y los mecanismos subyacentes a las interacciones entre genes y ambiente.

La incorporación de perspectivas ecológicas provenientes de las ciencias ambientales ha ampliado el alcance de la psicología del desarrollo para abarcar el impacto de los entornos físicos en el desarrollo humano. Los investigadores han estudiado el papel del diseño urbano, los paisajes naturales y los entornos construidos en la función cognitiva, el bienestar emocional y las conductas sociales. Este enfoque interdisciplinario subraya la interconexión entre los individuos y su entorno, destacando las interacciones recíprocas entre los seres humanos y sus contextos ecológicos.

Además, el campo de la educación ha contribuido significativamente a la psicología del desarrollo al dilucidar las implicaciones educativas de las teorías del desarrollo. La colaboración entre psicólogos del desarrollo y educadores ha fomentado la comprensión de cómo el desarrollo cognitivo, social y emocional se relaciona con las prácticas pedagógicas y el diseño curricular. Esta colaboración ha impulsado la creación de estrategias de aprendizaje, intervenciones educativas y evaluaciones apropiadas para el desarrollo, que se alinean con los principios de la psicología del desarrollo.

ERIK ERIKSON – EL PADRE DE LA TEORÍA

Vida temprana e influencias

Erik Homburger Erikson, nacido como Erik Salomonsen, emprendió una trayectoria extraordinaria que comenzó en Fráncfort, Alemania, en 1902. Sus primeros años de vida estuvieron profundamente influenciados por sus padres judíos daneses, quienes se separaron antes de su nacimiento. Criado exclusivamente por su madre, Karla Abrahamsen, y su padrastro, el Dr. Theodore Homburger, su crianza estuvo marcada por un sentido de dualidad cultural y una profunda conciencia de la formación de la identidad. Este entorno familiar tendría posteriormente un profundo impacto en sus teorías psicosociales, en particular al moldear sus perspectivas sobre el desarrollo de la identidad personal y social. Sus primeras experiencias en Europa, en el contexto de la Primera Guerra Mundial, lo expusieron a las complejidades del comportamiento humano, la fragilidad de las estructuras sociales y el impacto perdurable de los acontecimientos históricos en la vida individual. Estos años de formación le inculcaron una profunda curiosidad por los matices de la naturaleza humana, la resiliencia y la interacción entre el bienestar psicológico y las influencias socioculturales más amplias.

Actividades académicas y formación psicológica

Tras superar los primeros desafíos de su vida personal, incluyendo la complejidad de su propia identidad y herencia, Erikson emprendió un camino de exploración intelectual que moldearía sus proyectos futuros. Sus experiencias formativas, incluyendo sus estudios en el Instituto Psicoanalítico de Viena bajo la tutela de la reconocida psicoanalista Anna Freud, influyeron profundamente en su marco teórico y su trayectoria investigadora. Bajo la guía de Freud, Erikson profundizó en las complejidades del desarrollo humano, profundizando en los campos del psicoanálisis y la dinámica psicosocial.

La inmersión de Erikson en la actividad académica se caracterizó por un enfoque multidisciplinario, profundizando en campos como la antropología, la historia y la filosofía, lo que enriqueció su comprensión del comportamiento humano y la formación de la identidad. Su profundo interés por la diversidad cultural y su impacto en el desarrollo individual impulsó aún más su deseo de crear una teoría integral que abarcara las complejidades del crecimiento y la maduración humana en diversos contextos sociales.

A medida que progresaba en diversos entornos académicos y colaboraba con académicos influyentes, Erikson perfeccionó su experiencia en psicología clínica y práctica psicoanalítica. Su sólida formación en estos campos le proporcionó el rigor metodológico y la profundidad conceptual esenciales para forjar un nuevo camino en la teoría del desarrollo. Además, su interacción con figuras prominentes como Sigmund Freud y Ruth Benedict amplió su perspectiva y agudizó su pensamiento crítico, profundizando su investigación.

La trayectoria de Erikson también implicó un amplio compromiso intercultural y trabajo de campo, buscando comprender los elementos universales del desarrollo humano, reconociendo al mismo tiempo la influencia fundamental de los matices culturales. Mediante una rigurosa formación psicológica e intercambios académicos con colegas de diversos orígenes, Erikson cultivó una comprensión profunda de la interconexión entre la experiencia individual y las fuerzas socioculturales más amplias, enriqueciendo la estructura de sus perspectivas teóricas.

Asociaciones profesionales y colaboraciones

Las interacciones y colaboraciones de Erik Erikson con psicólogos de renombre, como Anna Freud y Sigmund Freud, influyeron significativamente en el desarrollo de su propio marco teórico. Su colaboración con la Sociedad Psicoanalítica de Viena y el Instituto Tavistock de Londres le brindó la oportunidad de intercambiar ideas y perspectivas con figuras destacadas de la disciplina. Estas afiliaciones propiciaron el debate intelectual y la investigación crítica, moldeando las perspectivas de Erikson sobre el desarrollo psicosocial.

La participación de Erikson en diversas instituciones académicas y organizaciones de investigación permitió un fructífero intercambio de conocimientos y experiencia. A través de sus asociaciones profesionales, participó en iniciativas de colaboración que contribuyeron al enriquecimiento de la investigación psicológica. Sus interacciones con colegas y mentores no solo impulsaron su propio desarrollo teórico, sino que también impulsaron avances dentro de la comunidad académica en general.

Las colaboraciones interdisciplinarias de Erikson trascendieron la psicología, abarcando intersecciones con disciplinas como la sociología, la antropología y la filosofía. Este enfoque multidisciplinario amplió el alcance de su trabajo, lo que le permitió comprender mejor el desarrollo humano y las dinámicas sociales. Al forjar vínculos con académicos de diversos campos, Erikson amplió los horizontes de su investigación, aprovechando una rica diversidad de perspectivas y metodologías.

Trabajo pionero en el Instituto Psicoanalítico de Viena

Durante su estancia en el Instituto Psicoanalítico de Viena, Erik Erikson realizó importantes contribuciones que sentaron las bases de su posterior y revolucionaria teoría del desarrollo psicosocial. Inmerso en el vibrante ambiente intelectual y cultural de la Viena de la década de 1920, Erikson interactuó con figuras destacadas del psicoanálisis y la psicología, como Sigmund Freud, quien se convirtió en un influyente mentor para él. Este período formativo no solo moldeó la orientación teórica de Erikson, sino que también le proporcionó valiosas perspectivas sobre la compleja interacción entre la cultura, la identidad y el desarrollo individual. Una de las principales iniciativas de Erikson en el Instituto Psicoanalítico de Viena fue su exploración del impacto de los factores sociales en el comportamiento humano y el funcionamiento psicológico. Su aguda observación de pacientes de diversos orígenes socioculturales le llevó a reconocer la profunda influencia de las dinámicas socioculturales en la formación de la personalidad y las relaciones interpersonales. Además, sus primeras experiencias clínicas y sus investigaciones en el instituto lo impulsaron a profundizar en las conexiones entre el desarrollo del Yo, la formación de la identidad y las respuestas adaptativas al entorno externo. Su enfoque interdisciplinario, que integra elementos de la antropología, la sociología y la psicología, prefiguró la perspectiva holística que sustentaría su posterior marco teórico. Además, su análisis crítico de conceptos psicoanalíticos como la libido, los procesos inconscientes y los mecanismos de defensa enriqueció su comprensión, cada vez más profunda, de las complejidades del desarrollo humano. Más allá de sus actividades teóricas, su participación activa en los vibrantes debates y diálogos intelectuales del Instituto Psicoanalítico de Viena impulsó el desarrollo de su singular perspectiva teórica. A través de sus intercambios y colaboraciones académicas, Erikson perfeccionó sus ideas, sintetizando diversos puntos de vista y perfeccionando sus conceptualizaciones de los fenómenos psicológicos.

Transición a los Estados Unidos

La transición de Erik Erikson a Estados Unidos marcó un momento crucial en su carrera y vida personal. En el contexto de la agitación política europea de la década de 1930, Erikson tomó la audaz decisión de mudarse a Estados Unidos. La migración no solo supuso un cambio de ubicación geográfica, sino que también significó un profundo cambio en su identidad y perspectiva profesional.

Al llegar a Estados Unidos, Erikson enfrentó tanto desafíos como oportunidades. Su inmersión en el crisol cultural de la sociedad estadounidense le expuso a diversas perspectivas y experiencias, que moldearían significativamente su obra posterior. Al abrazar la filosofía de la libertad académica y la exploración intelectual, Erikson encontró un terreno fértil para la evolución de sus ideas y teorías.

Durante este período, Erikson conoció a figuras influyentes de la comunidad psicológica y psicoanalítica estadounidense. Al dialogar con figuras destacadas como Karen Horney, Harry Stack Sullivan y otros académicos destacados, Erikson enriqueció su propia comprensión del desarrollo humano y la dinámica psicosocial. Estas interacciones propiciaron un vibrante intercambio de ideas y catalizaron la cristalización de su singular marco teórico.

Más allá del ámbito académico, la integración de Erikson en la sociedad estadounidense le proporcionó un rico bagaje de observaciones y experiencias directas. Las interacciones con personas de diversos orígenes culturales le permitieron discernir patrones universales de comportamiento humano e interacción social, sentando las bases para sus posteriores formulaciones sobre la identidad y las influencias sociales.

Paralelamente a su adaptación personal al panorama estadounidense, Erikson comenzó a forjarse un nicho en la comunidad académica. Reconocidos nombramientos en instituciones académicas de renombre facilitaron el avance de su investigación y sus indagaciones teóricas. Además, su participación en la práctica clínica le permitió aplicar directamente sus conocimientos, cada vez más desarrollados, a la comprensión y el tratamiento de los fenómenos psicológicos humanos.

Permanencia y contribuciones en la Universidad de Harvard

Durante su periodo en la Universidad de Harvard, que comenzó en 1936 y se prolongó durante varias décadas, Erik Erikson realizó importantes contribuciones a la psicología, el psicoanálisis y la teoría del desarrollo. Su nombramiento como profesor de desarrollo humano le brindó una plataforma para refinar y expandir su teoría psicosocial, a la vez que configuró el panorama académico estadounidense. En Harvard, Erikson participó activamente en colaboraciones interdisciplinarias, aprovechando perspectivas de la antropología, la sociología y la historia para enriquecer su comprensión del desarrollo humano. Sus conferencias y seminarios atrajeron a estudiantes y académicos de diversos orígenes, fomentando un rico ambiente intelectual caracterizado por vibrantes debates y discusiones. La presencia de Erikson en Harvard no solo elevó el estatus de la psicología del desarrollo dentro de la universidad, sino que también influyó en la comunidad académica en general. Su énfasis en la importancia de la cultura, la identidad y el contexto social en la configuración del desarrollo individual desafió los paradigmas psicológicos tradicionales y allanó el camino para nuevas líneas de investigación. Además, la etapa de Erikson en Harvard coincidió con acontecimientos históricos trascendentales, como la Segunda Guerra Mundial y la posterior posguerra, lo que le permitió observar y analizar el impacto de estas convulsiones en la identidad humana y la dinámica social. Este período en Harvard puede considerarse una fase prolífica en la carrera de Erikson, marcada por la publicación de obras fundamentales como "Infancia y Sociedad" y "El joven Lutero", que consolidaron aún más su posición como figura destacada en la psicología del desarrollo. Además, la mentoría y la guía de Erikson impulsaron el talento de numerosos estudiantes que se convertirían en figuras influyentes de la psicología, ampliando aún más su influencia en la disciplina.

Trabajos publicados y desarrollo teórico

La permanencia de Erik Erikson en la Universidad de Harvard le brindó una plataforma para expandir y refinar sus ideas, lo que condujo a la publicación de varias obras fundamentales que contribuyeron significativamente al campo de la psicología. Una de sus publicaciones más influyentes fue "Infancia y Sociedad" (1950), donde profundizó en las etapas del desarrollo psicosocial y exploró el impacto de los factores sociales y culturales en el crecimiento individual. Esta obra pionera no solo presentó un marco integral para comprender el desarrollo humano, sino que también impulsó un discurso crítico sobre la interacción entre las influencias sociales y la maduración psicológica. La hábil integración de Erikson de los principios psicoanalíticos con las consideraciones socioculturales en este libro consolidó su reputación como teórico pionero de la psicología del desarrollo.

Posteriormente, Erikson continuó profundizando en diversos aspectos del desarrollo humano, produciendo obras notables que subrayaron su profunda comprensión y perspicacia académica. Sus publicaciones posteriores, como "El joven Lutero" (1958) y "La verdad de Gandhi" (1969), demostraron su habilidad para entrelazar las perspectivas psicosociales con el análisis de figuras históricas y culturales. Estos profundos estudios biográficos ejemplificaron el enfoque único de Erikson para comprender la formación de la identidad y el desarrollo moral en el contexto más amplio de la sociedad y la cultura.

El desarrollo teórico de Erikson no se limitó a las publicaciones académicas. Contribuyó fervientemente a la configuración del panorama del psicoanálisis mediante su conceptualización del ciclo vital, publicada posteriormente en «Identidad: Juventud y Crisis» (1968). En esta obra fundamental, Erikson amplió sus postulados anteriores, profundizando en las complejidades de la formación de la identidad adolescente y los desafíos existenciales que enfrentan durante esta etapa crucial del desarrollo. Su descripción empática de las dificultades que enfrentan los adolescentes al forjar sus identidades tuvo una profunda repercusión tanto en académicos como en profesionales, impulsando la investigación y las intervenciones destinadas a apoyar a los jóvenes en esta compleja fase de autodescubrimiento.

Cabe destacar que la capacidad de Erikson para sintetizar teorías psicológicas con fenómenos culturales más amplios trascendió la literatura académica, como se refleja en su extensa obra. Su enfoque interdisciplinario y su perspectiva panorámica del desarrollo humano han dejado una huella imborrable en el campo de la psicología, generando debates e inspirando a generaciones posteriores de académicos a cuestionar las relaciones entre el crecimiento individual, la dinámica social y las fuerzas históricas.

Reconocimientos y premios

A lo largo de su ilustre carrera, Erikson recibió numerosos premios y reconocimientos prestigiosos en reconocimiento a su importante influencia en el estudio del desarrollo humano y la formación de la identidad. Uno de sus galardones más notables fue el Premio Pulitzer por su obra fundamental "La verdad de Gandhi" en 1969, que destacó su multifacética destreza intelectual y su enfoque interdisciplinario para comprender la humanidad. Además, Erikson recibió la Medalla de Oro de la Asociación Americana de Psicología en 1973, en reconocimiento a sus excepcionales logros en el avance de la comprensión del desarrollo psicosocial. Su inquebrantable dedicación a la investigación pionera y la innovación teórica le valió la Medalla Nacional de Ciencias, el máximo honor científico otorgado por el gobierno de los Estados Unidos, en 1977. Estos prestigiosos galardones no solo subrayaron la profunda influencia de Erikson en los campos de la psicología y el mundo académico, sino que también sirvieron como testimonio de su perdurable legado. Más allá de los premios individuales, las contribuciones de Erikson fueron reconocidas mediante doctorados honoris causa de instituciones líderes a nivel mundial, en reconocimiento a su impacto global en la teoría y la práctica psicológica. Su notable capacidad para integrar la teoría psicoanalítica con perspectivas socioculturales le valió el respeto y la admiración tanto de sus pares como de sus discípulos, consolidando aún más su estatus como eminencia en el campo.

Años posteriores e impacto continuo

En sus últimos años, Erikson continuó ejerciendo una profunda influencia en el campo de la psicología mediante sus constantes contribuciones académicas y su mentoría a futuras generaciones de psicólogos. A medida que profundizaba en su investigación y escritura, Erikson buscó refinar y ampliar su teoría psicosocial, incorporando las perspectivas extraídas de su extensa labor clínica y estudios transculturales. Durante este período, abordó cuestiones cada vez más complejas sobre la identidad, el desarrollo humano y la interacción entre las experiencias individuales y las fuerzas sociales.

El impacto perdurable de Erikson en la psicología se manifestó no solo en la profundidad y amplitud de su legado intelectual, sino también en su inquebrantable compromiso con el desarrollo de una nueva generación de académicos. Dedicó un tiempo considerable a la docencia y la mentoría de sus estudiantes, inculcándoles la pasión por la indagación rigurosa y la exploración multidisciplinaria. Su guía enriquecedora y sus seminarios, que invitaban a la reflexión, dejaron una huella imborrable en quienes tuvieron la fortuna de aprender a su lado, influyendo en innumerables mentes y moldeando la trayectoria futura de la investigación psicológica.

Erikson se mantuvo firme en su defensa de la relevancia de la teoría psicosocial para abordar los desafíos sociales contemporáneos. Mediante conferencias públicas, participación en simposios académicos y su interacción con legisladores, defendió con insistencia la aplicabilidad de su marco para abordar cuestiones de identidad, derechos humanos y comprensión cultural. Su defensa repercutió en los sectores de la educación, la salud y las políticas sociales, estimulando el discurso crítico e inspirando enfoques innovadores para promover el bienestar holístico.

A medida que envejecía, la creencia de Erikson en la interconexión de la experiencia humana y en el imperativo de fomentar la empatía y la comprensión entre comunidades diversas se fortaleció. Sus escritos posteriores reflejaron una introspección y sabiduría cada vez más profundas, ofreciendo conmovedoras reflexiones sobre la condición humana y el potencial de transformación colectiva. Incluso en sus últimos años, Erikson continuó siendo un faro de perspicacia y compasión, dejando una huella imborrable en el panorama cambiante de la investigación y la práctica psicológica.

IDEAS, PRINCIPIOS Y LAS OCHO ETAPAS DEL DESARROLLO

El principio epigenético

1. Contexto histórico y orígenes:

Las raíces del principio epigenético se remontan al énfasis de Erik Erikson en la interacción entre la genética y el entorno. Por otro lado, el concepto de epigénesis tiene sus raíces en antiguas teorías filosóficas y biológicas, que postulaban que el desarrollo surge de la interacción entre predisposiciones innatas e influencias ambientales. Esta noción fue articulada por diversos académicos a lo largo de la historia, culminando en la comprensión contemporánea de la epigenética como un proceso dinámico de interacciones entre genes y entorno que configuran la trayectoria de desarrollo de un individuo.

La perspectiva evolutiva también desempeñó un papel fundamental en la definición del principio epigenético, con pensadores seminales como Charles Darwin y Jean-Baptiste Lamarck sentando las bases para comprender cómo se entrelazan los factores genéticos y ambientales para influir en el desarrollo de un organismo. Sus contribuciones proporcionaron un marco para comprender la importancia adaptativa de los procesos epigenéticos y cómo contribuyen a la supervivencia y el desarrollo de los individuos a lo largo de las generaciones.

El siglo XX fue testigo de avances significativos en los campos de la genética y la biología del desarrollo, lo que condujo a un cambio de paradigma en nuestra comprensión de la herencia y la expresión génica. El descubrimiento de mecanismos epigenéticos, como la metilación del ADN y la modificación de histonas, reveló cómo los factores ambientales pueden modificar la expresión génica y contribuir a la variación fenotípica. Estos descubrimientos revolucionarios revolucionaron nuestra comprensión de la interacción dinámica entre la naturaleza y la crianza en el desarrollo humano.

2. Contribuyentes e influencias clave:

En el ámbito del principio epigenético, la figura clave es Erik Erikson, cuyo trabajo pionero sobre el desarrollo psicosocial llamó la atención sobre la interacción entre los procesos psicológicos individuales y las influencias sociales. Su formulación del principio epigenético enfatizó el desarrollo secuencial de ocho etapas, cada una caracterizada por una crisis psicosocial específica que requiere resolución para un desarrollo saludable.

Por otro lado, las obras de investigadores como Lev Vygotsky, Jean Piaget y Urie Bronfenbrenner han influido significativamente en la conceptualización del principio epigenético. La teoría sociocultural de Vygotsky destacó el papel de la cultura y las interacciones sociales en el desarrollo cognitivo, contribuyendo a la comprensión de la naturaleza social de la cognición humana. Las etapas del desarrollo cognitivo de Piaget aportaron valiosas perspectivas sobre la construcción progresiva de los procesos de pensamiento en los niños. La teoría de los sistemas ecológicos de Bronfenbrenner enfatizó el impacto de las influencias ambientales proximales y distales en el desarrollo humano, en consonancia con la perspectiva holística inherente al principio epigenético.

Académicos contemporáneos como Daniel Stern y Mary Ainsworth han profundizado en el concepto de relaciones interpersonales tempranas y su impacto duradero en el desarrollo individual. La investigación de Stern sobre el desarrollo infantil y el concepto de sintonía arrojó luz sobre la importancia de las interacciones tempranas entre cuidadores y bebés. El trabajo de Ainsworth sobre la teoría del apego delineó los diferentes estilos de apego que se forman en la infancia y sus implicaciones para el funcionamiento psicosocial posterior, contribuyendo así a la comprensión de cómo las experiencias tempranas configuran la trayectoria epigenética.

El surgimiento de colaboraciones interdisciplinarias entre la genética y la psicología del desarrollo también ha sido crucial para dilucidar los fundamentos biológicos del principio epigenético. Gracias a los avances en genética molecular y epigenética, los investigadores han descubierto cómo las interacciones entre genes y ambiente ejercen profundos efectos en el desarrollo humano. Esta integración subraya la compleja interacción entre las predisposiciones genéticas, las experiencias ambientales y los mecanismos epigenéticos, ofreciendo un marco integral para comprender los procesos del desarrollo.

3. El papel de la genética y el medio ambiente en el desarrollo:

La interacción entre la genética y los factores ambientales en el desarrollo humano es un área de estudio fascinante y compleja. Tanto la genética como el entorno desempeñan un papel crucial en la formación de los rasgos físicos, psicológicos y sociales de un individuo. Comprender cómo interactúan estos factores es esencial para comprender las complejidades del desarrollo humano.

La genética, o el estudio de los genes y la herencia, proporciona un modelo de la constitución física y biológica de un individuo. Los genes transmiten información hereditaria de padres a hijos e influyen en diversos aspectos del desarrollo, como la estatura, el color del cabello, la susceptibilidad a ciertas enfermedades e incluso algunos rasgos de personalidad. Además, los avances en la investigación genética han revelado cómo genes específicos pueden predisponer a las personas a ciertas tendencias de comportamiento o trastornos de salud mental.

Por otro lado, el entorno abarca todas las influencias externas que impactan el desarrollo de un individuo. Esto incluye los contextos familiares, sociales, culturales e históricos. Los factores ambientales pueden ejercer profundos efectos en la expresión génica y la activación de vías biológicas específicas. Por ejemplo, la exposición a entornos estresantes o a experiencias adversas en la infancia puede modificar la expresión génica mediante mecanismos epigenéticos, lo que repercute en el bienestar físico y psicológico del individuo.

La interacción dinámica entre la genética y el medio ambiente subraya el concepto de interacciones gen-ambiente (GxE). Estas interacciones sugieren que las predisposiciones genéticas pueden manifestarse de forma diferente según las circunstancias ambientales y, a la inversa, los factores ambientales pueden modular las influencias genéticas. El estudio de estas interacciones profundiza nuestra comprensión de las complejas interdependencias que configuran el desarrollo humano.

El campo de la genética del comportamiento ha profundizado en la relación entre la genética y las influencias ambientales. La investigación en este campo busca delinear las contribuciones relativas de los factores genéticos y ambientales a las diferencias individuales en el comportamiento y los rasgos psicológicos. Los estudios de gemelos, personas adoptadas y familias han proporcionado información valiosa sobre la heredabilidad de ciertas características y el grado en que los factores ambientales contribuyen a la variabilidad.

Al explorar el papel de la genética y el entorno en el desarrollo, se hace evidente que ambos factores son fundamentales para comprender el crecimiento y la adaptación humanos. La investigación futura en esta área es prometedora para descubrir los mecanismos subyacentes mediante los cuales los genes y el entorno influyen conjuntamente en los resultados del desarrollo. Una comprensión detallada de estos procesos es vital para fundamentar intervenciones y políticas destinadas a promover un desarrollo saludable a lo largo de la vida.

4. Interacción con factores psicosociales:

Desde la infancia hasta la adultez avanzada, la interacción entre los factores psicosociales y otros determinantes del desarrollo puede influir significativamente en el bienestar emocional, cognitivo y social. Durante la primera infancia, los niños comienzan a forjar vínculos y a desarrollar un sentido de confianza o desconfianza basado en sus interacciones con sus cuidadores. Estas experiencias psicosociales tempranas pueden sentar las bases para futuras relaciones y sientan las bases para etapas posteriores del desarrollo. A medida que los niños pasan a la edad escolar, se encuentran con nuevos entornos sociales que moldean su autoconcepto y establecen su comprensión de cómo encajan en la sociedad.

La adolescencia marca un período crítico en el que los factores psicosociales cobran protagonismo a medida que las personas se esfuerzan por formar una identidad coherente. Esta etapa se caracteriza por la exploración de diversos roles, creencias y valores, que culminan en la integración de estos aspectos en un sentido cohesivo de la identidad. Las relaciones con los pares, la dinámica familiar y las expectativas sociales influyen en este proceso, impactando el desarrollo psicosocial del individuo.

Al llegar a la adultez temprana, la búsqueda de intimidad y el deseo de establecer conexiones significativas se vuelven primordiales. La interacción entre las aspiraciones personales y las normas sociales influye en las decisiones relacionadas con el amor, el trabajo y la ideología, sentando las bases para el desarrollo psicosocial adulto. La mediana edad presenta sus propios desafíos y oportunidades, y las personas abordan cuestiones de generatividad versus estancamiento mientras buscan contribuir al bienestar de las generaciones futuras y reflexionan sobre sus logros pasados.

La adultez tardía propicia la introspección y la reflexión, a medida que las personas evalúan sus vidas y el legado que dejarán. Factores psicosociales como la satisfacción, la adaptación al cambio y la superación de la pérdida se convierten en puntos focales durante esta etapa. A medida que las personas se enfrentan a las realidades del envejecimiento, su resiliencia psicosocial y su capacidad para encontrarle sentido a sus experiencias desempeñan un papel vital en la configuración de su bienestar general.

5. La perspectiva de la vida - Etapas y transiciones:

Comprender el desarrollo humano a lo largo de la vida requiere una visión integral de las diversas etapas y transiciones que experimentan las personas. Desde la infancia hasta la vejez, cada etapa presenta desafíos, oportunidades y puntos de inflexión distintivos que configuran el curso del desarrollo psicosocial. Una perspectiva del desarrollo abarca los cambios físicos, cognitivos, emocionales y sociales que ocurren a lo largo de la vida, destacando la interconexión de estos ámbitos y su impacto en el bienestar general de la persona.

La perspectiva del ciclo vital comienza con la infancia, un período caracterizado por un rápido crecimiento físico, desarrollo sensorial y la formación de vínculos afectivos tempranos. Los bebés dependen de sus cuidadores para su cuidado y protección, sentando las bases de su confianza y seguridad. A medida que pasan a la primera infancia, los niños experimentan avances significativos en la adquisición del lenguaje, las habilidades cognitivas y las interacciones sociales. Los años preescolares marcan una etapa de exploración, imaginación y el desarrollo inicial del autoconcepto y la identidad.

Al llegar a la infancia media, los niños continúan ampliando sus redes sociales, perfeccionando sus habilidades y adquiriendo un sentido de laboriosidad y competencia al participar en actividades escolares y comunitarias. El inicio de la adolescencia anuncia un período tumultuoso marcado por intensas experiencias emocionales, la exploración de la identidad y la búsqueda de autonomía. Los adolescentes lidian con las relaciones con sus pares, las expectativas sociales y la formación de valores personales, manteniendo el delicado equilibrio entre la conformidad y la individualidad.

La transición a la adultez temprana trae consigo decisiones cruciales relacionadas con la educación, la carrera profesional, las relaciones íntimas y el desarrollo de la independencia. Los adultos jóvenes gestionan las complejidades de la intimidad y la identidad mientras buscan forjar vínculos duraderos y consolidar su identidad. La adultez conlleva sus propios desafíos, como encontrar un trabajo significativo, mantener relaciones y asumir roles sociales. La mediana edad trae consigo consideraciones sobre la generatividad y la contribución a las generaciones futuras, mientras que la adultez tardía invita a reflexionar sobre los logros vitales, el legado y la adaptación a los cambios físicos y cognitivos asociados con el envejecimiento.

6. Críticas y reevaluaciones del principio:

El Principio Epigenético ha sido fundamental para moldear nuestra comprensión del desarrollo, pero no está exento de críticas y reevaluaciones. Una de las principales críticas gira en torno a la naturaleza determinista que a menudo se asocia con el principio. Los críticos argumentan que un énfasis excesivo en los procesos epigenéticos podría eclipsar el papel de la agencia individual y el libre albedrío en la configuración del desarrollo. Esto exige un equilibrio entre reconocer el impacto de los factores biológicos y ambientales y, al mismo tiempo, reconocer el papel activo que desempeñan los individuos en su propio crecimiento y decisiones. Además, algunos académicos han expresado su preocupación por la generalización del principio a través de culturas y contextos socioeconómicos. Es esencial examinar críticamente si las etapas y transiciones propuestas en el principio epigenético son válidas para diversas poblaciones y contextos. Otra línea de crítica gira en torno a la rigidez de las etapas descritas en el principio. Los críticos argumentan que el desarrollo humano podría no encajar perfectamente en etapas y transiciones diferenciadas, lo que insta a una comprensión más fluida y dinámica del crecimiento y el cambio. También se ha debatido sobre la posible simplificación excesiva de los complejos procesos de desarrollo bajo el paraguas del principio epigenético. Los escépticos abogan por un enfoque más matizado que considere las interacciones multifacéticas entre las dimensiones biológicas, psicológicas y sociales del desarrollo. A medida que avanzan los avances en la investigación y la tecnología, se han producido reevaluaciones del principio, lo que ha dado lugar a perspectivas más matizadas. Los investigadores contemporáneos están profundizando en la interacción entre la genética, el entorno y los factores psicosociales, ofreciendo una visión holística del desarrollo. Enfatizan las influencias bidireccionales entre los individuos y sus contextos, destacando los impactos recíprocos de las predisposiciones biológicas y las experiencias ambientales. Las reevaluaciones también arrojan luz sobre la flexibilidad y plasticidad del desarrollo, destacando el potencial de crecimiento y cambio a lo largo de la vida. Además, el principio se está reexaminando desde una perspectiva interdisciplinaria, integrando perspectivas de la genética, la neurobiología, la psicología y la sociología. Este enfoque colaborativo busca proporcionar una comprensión integral del desarrollo humano que trascienda las fronteras disciplinarias.

Crisis y Virtudes - Las Ocho Etapas del Desarrollo Psicosocial

1. Confianza versus Desconfianza:

- Comprensión de la confianza y la desconfianza en el desarrollo infantil:

La infancia es un período crítico en el desarrollo humano, durante el cual se sientan las bases de la confianza y la desconfianza. Erik Erikson postuló que la primera etapa del desarrollo psicosocial gira en torno a la necesidad fundamental del bebé de confianza y seguridad. Esta etapa, a menudo denominada "Confianza versus Desconfianza", abarca los primeros meses de vida y conlleva profundas implicaciones psicológicas. Los bebés dependen en gran medida de sus cuidadores para satisfacer sus necesidades básicas, como alimento, calor y comodidad. La respuesta constante y sensible de los cuidadores desempeña un papel fundamental en la formación de la percepción del bebé sobre el mundo y los demás. Cuando estas necesidades se satisfacen de forma constante, los bebés desarrollan un sentido de confianza en su entorno. Esta confianza se convierte en la piedra angular de futuras interacciones y relaciones sociales. Por el contrario, cuando los cuidadores son inconsistentes, negligentes o insensibles, los bebés pueden desarrollar una desconfianza generalizada, lo que les dificulta establecer vínculos y participar en interacciones sociales saludables. Es fundamental reconocer que el desarrollo de la confianza y la desconfianza se da en el contexto de factores tanto biológicos como ambientales. Las predisposiciones biológicas, como el temperamento y la reactividad emocional, interactúan con la calidad de las interacciones entre el cuidador y el bebé para moldear su creciente sentido de confianza. La teoría del apego, impulsada por John Bowlby y Mary Ainsworth, arroja luz sobre la dinámica de la formación de la confianza, destacando la importancia del apego seguro para promover la seguridad emocional y la resiliencia. Además, numerosas investigaciones han subrayado el impacto duradero de las experiencias tempranas de confianza y desconfianza en la regulación emocional, las relaciones interpersonales y la salud mental posteriores. En consecuencia, comprender los matices de la confianza y la desconfianza en el desarrollo infantil tiene profundas implicaciones para las intervenciones destinadas a promover resultados óptimos. La exploración exhaustiva de esta etapa crucial ilumina la interacción entre los factores biológicos, psicológicos y ambientales en la formación de las bases del desarrollo humano.

- Fundamentos teóricos:

En el núcleo de la teoría de Erikson se encuentra el concepto de confianza versus desconfianza como el conflicto psicosocial fundamental que configura la trayectoria de un individuo desde la infancia hasta la edad adulta. Según Erikson, la primera etapa de la vida, que abarca desde el nacimiento hasta aproximadamente los 18 meses, se caracteriza por la lucha por desarrollar una confianza básica en el mundo. Este período crítico sienta las bases para las etapas posteriores del desarrollo, por lo que es esencial comprender las complejidades de la perspectiva de Erikson sobre la confianza y la desconfianza. En su obra fundamental, Erikson describió la confianza como el resultado del cuidado constante y afectuoso que recibe el bebé, lo que genera una sensación de seguridad en el entorno. La desconfianza, por otro lado, surge cuando las necesidades del bebé no se satisfacen adecuadamente, lo que genera una sensación fundamental de inseguridad y sospecha. La perspectiva de Erikson enfatiza el papel vital del cuidador principal —generalmente la madre— en el fomento de la confianza del bebé mediante interacciones cálidas, receptivas y confiables. Estas experiencias tempranas moldean profundamente la capacidad del bebé para establecer relaciones e interactuar con el mundo. El concepto de Erikson de confianza versus desconfianza trasciende el desarrollo individual y abarca implicaciones sociales más amplias. Postuló que la falta de confianza durante esta etapa podría afectar las etapas posteriores, lo que podría derivar en desafíos interpersonales duraderos y trastornos emocionales. Además, destacó la importancia de los sistemas de apoyo social y las influencias culturales en la configuración del entorno de cuidado y su impacto en la formación de la confianza.

- Influencias biológicas y ambientales en la formación de la confianza:

La formación de la confianza en la infancia se ve influenciada por una compleja interacción de factores biológicos y ambientales. Desde una perspectiva biológica, diversos procesos fisiológicos, como el desarrollo cerebral y la regulación hormonal, desempeñan un papel fundamental en la formación de la capacidad de confianza del bebé. El establecimiento de vínculos seguros, que constituyen la base de la confianza, está fuertemente influenciado por la liberación de oxitocina, a menudo denominada la "hormona del vínculo", tanto en el bebé como en su cuidador principal. Además, las predisposiciones genéticas y los rasgos de temperamento de los bebés pueden influir en su capacidad para desarrollar la confianza; algunos niños muestran una inclinación natural hacia la confianza, mientras que otros pueden ser más propensos a comportamientos desconfiados.

Paralelamente, las influencias ambientales también contribuyen significativamente a la formación de la confianza durante el desarrollo temprano. Los bebés dependen en gran medida de un cuidado constante y receptivo para formar vínculos seguros y fomentar la confianza en su entorno. La calidad y la disponibilidad de interacciones enriquecedoras, como el cuidado reconfortante y receptivo, sirven como señales ambientales que informan al bebé sobre la fiabilidad del mundo que lo rodea. Además, el contexto sociocultural más amplio en el que se cría al bebé tiene un profundo impacto en la formación de la confianza, ya que las normas culturales y las actitudes sociales configuran la dinámica de las interacciones entre el cuidador y el bebé e influyen en el desarrollo de la confianza de maneras únicas.

Los factores estresantes y las adversidades en el entorno del bebé pueden dificultar la formación de la confianza, lo que puede provocar alteraciones del apego y un aumento de la desconfianza. Experiencias adversas, como la negligencia, el abuso o la falta de cuidado, pueden comprometer la capacidad del bebé para desarrollar una base sólida de confianza, lo que puede tener consecuencias emocionales y psicológicas a largo plazo. Es importante reconocer la relación entre las influencias biológicas y ambientales, ya que ambas contribuyen sinérgicamente al proceso de formación de la confianza en la primera infancia.

- Interacción cuidador-bebé - El papel crucial del apego:

La dinámica de la interacción entre el cuidador y el bebé desempeña un papel fundamental en el desarrollo emocional y psicológico del niño, siendo el apego la piedra angular de este proceso. El apego, según el concepto de John Bowlby, se refiere a un vínculo emocional profundo y duradero que conecta al niño con su cuidador principal, generalmente la madre. Esta conexión sirve como una base segura desde la cual el bebé puede explorar el mundo y buscar consuelo en momentos de angustia. Mediante interacciones repetidas y una receptividad constante, los cuidadores contribuyen significativamente a la formación de un apego seguro. Un apego seguro se caracteriza por la capacidad del niño para confiar en su cuidador, regular sus emociones eficazmente y desarrollar expectativas positivas sobre las relaciones y el mundo que lo rodea. Por el contrario, los patrones de apego inseguro pueden surgir cuando los cuidadores son inconsistentes, negligentes o insensibles a las necesidades del bebé. Estos patrones, como el apego ansioso-ambivalente, ansioso-evitativo y desorganizado/desorientado, pueden tener implicaciones duraderas en el funcionamiento socioemocional del niño. La calidad de la interacción entre el cuidador y el bebé también influye significativamente en el desarrollo de sistemas neurobiológicos, como la respuesta al estrés y las vías de regulación emocional. Por ejemplo, un bebé con apego seguro tiene mayor probabilidad de desarrollar circuitos neuronales robustos asociados con la regulación emocional, la cognición social y la resiliencia al estrés. Por otro lado, los bebés con apegos inseguros pueden presentar una reactividad al estrés alterada y dificultades para gestionar las emociones. Numerosos estudios empíricos han subrayado el papel crucial de la interacción entre el cuidador y el bebé y el apego en la trayectoria general del desarrollo del bebé. La investigación longitudinal ha demostrado correlaciones entre la calidad del apego temprano y diversos resultados, como las habilidades cognitivas, la competencia social y la salud mental. Además, las intervenciones centradas en mejorar la sensibilidad y la capacidad de respuesta del cuidador han demostrado ser prometedoras para promover el apego seguro y mejorar las dificultades relacionadas con el apego. Las implicaciones de estos hallazgos se extienden más allá de la infancia, ya que las experiencias tempranas de apego sientan las bases para las relaciones posteriores y el bienestar emocional a lo largo de la vida.

- Consecuencias del desarrollo de una confianza saludable:

El desarrollo saludable de la confianza en los bebés sienta las bases para resultados psicosociales positivos, lo que repercute en diversos aspectos de sus vidas a medida que crecen. Los bebés que reciben cuidados constantes y confiables desarrollan una sensación de seguridad y confianza en su entorno. Esta confianza temprana conduce a una mejor regulación emocional, lo que les permite gestionar el estrés y la ansiedad con mayor eficacia en el futuro. Además, los bebés con apego seguro tienden a mostrar mayor curiosidad y exploración, ya que se sienten seguros con el apoyo de sus cuidadores y son más propensos a aventurarse e interactuar con el mundo que los rodea.

El desarrollo de la confianza en la infancia contribuye a la formación de relaciones saludables a lo largo de la vida. Los niños que han experimentado un apego seguro con sus cuidadores tienen más probabilidades de desarrollar relaciones positivas y de confianza con los demás, incluyendo a sus compañeros y futuras parejas. Aprenden a comunicar sus necesidades y emociones eficazmente, fomentando fuertes vínculos interpersonales. Además, una base sólida de confianza permite a las personas cultivar la empatía y la comprensión, cualidades esenciales para una interacción social exitosa.

El impacto del desarrollo saludable de la confianza trasciende el ámbito social e influye en el rendimiento cognitivo y académico. Los bebés con apego seguro demuestran mayores capacidades cognitivas y de resolución de problemas, ya que se sienten seguros para explorar y aprender en su entorno. Esta ventaja cognitiva temprana a menudo se traduce en éxito académico y un amor por el aprendizaje para toda la vida. Además, la estabilidad emocional adquirida a través de la confianza en la infancia permite a los niños concentrarse y participar con mayor eficacia en entornos educativos, sentando las bases para experiencias educativas positivas.

Además de estos beneficios individuales, el desarrollo saludable de la confianza en la infancia tiene implicaciones sociales más amplias. Los niños que desarrollan confianza y seguridad en sus primeros años tienen más probabilidades de convertirse en miembros activos de la sociedad, mostrando resiliencia y adaptabilidad ante los desafíos. Su capacidad para formar y mantener relaciones fomenta una comunidad de apoyo y contribuye al bienestar general de la sociedad. Además, las personas que han experimentado un desarrollo saludable de la confianza en la infancia tienen más probabilidades de desarrollar conductas prosociales, lo que en última instancia contribuye a una sociedad más compasiva y empática.

- Impacto de la desconfianza en la primera infancia:

La desconfianza durante la primera infancia puede tener efectos profundos y duraderos en el desarrollo psicosocial de una persona. Las primeras interacciones entre un bebé y su cuidador principal sientan las bases para su comprensión del mundo y su lugar en él. Cuando un niño experimenta una falta de respuesta constante, negligencia o un cuidado inconsistente, se siembran las semillas de la desconfianza. Esto puede manifestarse como una incapacidad para formar vínculos seguros, una sensación fundamental de inquietud y una persistente falta de confianza en la fiabilidad de los demás. Las investigaciones han demostrado que los bebés que desarrollan una desconfianza profunda pueden tener dificultades con la regulación emocional, la interacción social y el establecimiento de relaciones saludables más adelante en la vida. Estas personas suelen presentar una mayor ansiedad, dificultad para establecer intimidad y una sensación generalizada de inseguridad en sus relaciones interpersonales. Además, el impacto de la desconfianza en la primera infancia se extiende más allá de las relaciones personales, afectando la capacidad de autosuficiencia de la persona y su visión general del mundo. Los niños que crecen inmersos en la desconfianza pueden afrontar los desafíos con aprensión, ver el mundo a través de la sospecha y tener dificultades para integrarse plenamente con su entorno. Esta desconfianza temprana puede tener un efecto dominó, influyendo en la formación de etapas de desarrollo posteriores a medida que el niño se enfrenta a tareas cambiantes de autonomía, iniciativa y diligencia. Es fundamental que los cuidadores, educadores y profesionales de la salud mental reconozcan las posibles repercusiones de la desconfianza en la primera infancia y trabajen para crear entornos que fomenten la confianza, la seguridad y la sintonía emocional. Al abordar estos problemas desde la raíz, podemos mitigar las consecuencias a largo plazo de la desconfianza y fomentar el crecimiento psicosocial saludable de bebés y niños pequeños.

- Perspectivas transculturales sobre la confianza y la desconfianza:

Diversas culturas del mundo ofrecen contextos sociales únicos que moldean la formación de la confianza y la desconfianza en la primera infancia. En culturas colectivistas, como muchas sociedades asiáticas, la interdependencia y la interconexión dentro de la comunidad desempeñan un papel importante en la confianza del bebé. La dependencia de las redes familiares extensas para el cuidado y el apoyo fomenta un proceso de construcción de la confianza colectiva que difiere de las culturas individualistas.

Por el contrario, las culturas individualistas, incluidas muchas sociedades occidentales, priorizan el fomento de la independencia y la autosuficiencia en los bebés. Este énfasis puede dar lugar a diversos enfoques para generar confianza y abordar la desconfianza, ya que los valores culturales y las expectativas sociales influyen en la dinámica entre el cuidador y el bebé. El análisis de las variaciones culturales en la confianza y la desconfianza arroja luz sobre la naturaleza matizada de estos procesos de desarrollo.

Las prácticas y creencias culturales también influyen en las manifestaciones de confianza y desconfianza. Los rituales, las costumbres y las prácticas de cuidado infantil difieren entre culturas, lo que contribuye a diversas experiencias de formación de confianza. Por ejemplo, los rituales relacionados con la infancia, como las ceremonias de nombramiento o las prácticas de vinculación, reflejan la importancia cultural que se atribuye a la construcción de la confianza y la seguridad en el contexto familiar y social.

La comparación de perspectivas interculturales revela la compleja interacción de factores ambientales, sociales y culturales que influyen en el desarrollo infantil. Subraya la importancia de considerar la diversidad cultural al estudiar la confianza y la desconfianza, proporcionando una comprensión integral de cómo estos constructos fundamentales se manifiestan en diferentes contextos culturales. Además, la investigación intercultural destaca la necesidad de enfoques culturalmente sensibles para abordar los problemas de confianza y desconfianza en entornos clínicos y de intervención, enfatizando la necesidad de prácticas culturalmente informadas para promover un desarrollo psicosocial saludable en bebés de diversos orígenes culturales.

2. Autonomía versus vergüenza y duda:

- Introducción:

La etapa de autonomía versus vergüenza y duda marca una fase crítica en el desarrollo de la primera infancia, que suele ocurrir entre los 18 meses y los tres años. Esta etapa crucial se centra en la exploración de la autonomía e independencia del niño, en contraste con las posibles repercusiones de la vergüenza y la duda al enfrentarse a obstáculos o desaprobación. La autonomía representa el creciente sentido de identidad y autonomía del niño, a medida que comienza a ejercer su voluntad y a tomar decisiones de forma independiente. Esta nueva autonomía es fundamental para sentar las bases de futuras etapas de desarrollo. Por el contrario, la vergüenza y la duda surgen cuando los niños se enfrentan a barreras que impiden su autonomía, lo que genera sentimientos de incompetencia e incertidumbre. Comprender estos conceptos fundamentales (autonomía, vergüenza y duda) es esencial para comprender la naturaleza multifacética del desarrollo de la primera infancia. Es durante este período que los niños se esfuerzan por afirmarse e interactuar con el mundo que los rodea, moldeando sus identidades emergentes. Como cuidadores y educadores, reconocer la importancia de la autonomía y los posibles impactos de la vergüenza y la duda es crucial para brindar el apoyo y la orientación necesarios para que los niños atraviesen esta etapa crítica con éxito.

- Hitos del desarrollo - Independencia emergente en la primera infancia:

Durante la infancia, los niños experimentan una serie de logros en su desarrollo que contribuyen a su creciente sentido de identidad e individualidad. Estos hitos abarcan diversos aspectos del crecimiento físico, cognitivo, emocional y social, moldeando colectivamente su capacidad de independencia.

Un hito fundamental en la primera infancia es el desarrollo de las habilidades motoras básicas. A medida que los niños aprenden a gatear, caminar, correr y manipular objetos, adquieren un sentido de autonomía y control sobre sus cuerpos, lo que marca los primeros pasos hacia la independencia. Además, la adquisición del lenguaje desempeña un papel fundamental en su autonomía emergente, ya que la capacidad de expresar pensamientos y necesidades les permite comunicarse con los demás y expresar sus preferencias.

Los hitos cognitivos también caracterizan esta etapa, ya que los niños comienzan a mostrar habilidades para resolver problemas y demuestran una creciente curiosidad por el mundo que los rodea. Sus capacidades cognitivas en expansión les permiten tomar decisiones, participar en juegos imaginativos y explorar su entorno de forma más independiente. Además, el desarrollo emocional durante la primera infancia se ejemplifica mediante la comprensión y regulación gradual de las emociones, lo que fomenta la resiliencia y la confianza en sí mismos a medida que gestionan diversas experiencias.

Los hitos sociales son igualmente esenciales para el desarrollo de la independencia, ya que los niños desarrollan la capacidad de forjar relaciones más allá del núcleo familiar inmediato. La participación en interacciones con compañeros, el juego colaborativo y las amistades tempranas contribuyen al desarrollo de habilidades sociales y un sentido de pertenencia en contextos sociales más amplios. Estas interacciones brindan oportunidades para que los niños resuelvan conflictos, compartan recursos y desarrollen empatía, sentando las bases para su posterior autonomía en entornos sociales.

El establecimiento de rutinas y responsabilidades en el entorno familiar y educativo favorece el desarrollo de la independencia. Mediante tareas como el autocuidado, las tareas domésticas y la toma de decisiones dentro de parámetros adecuados a su edad, los niños adquieren gradualmente mayor autonomía y responsabilidad, fortaleciendo la confianza en sus capacidades.

- Fundamentos psicológicos - El papel de la autonomía en el desarrollo de la personalidad:

La adquisición de autonomía durante la primera infancia proporciona a las personas las habilidades y la mentalidad esenciales para desenvolverse en su entorno, establecer relaciones y tomar decisiones independientes. Además, la autonomía sirve de base para fomentar la resiliencia, la autoeficacia y el sentido de competencia, todos ellos aspectos integrales del desarrollo de la personalidad.

En esencia, la autonomía abarca la capacidad de afirmar la independencia, demostrar autocontrol e iniciar acciones basadas en la iniciativa personal, en lugar de presiones externas. A medida que los niños exploran su entorno y participan en diversas actividades, comienzan a interiorizar un sentido de autonomía, lo que les permite comprender sus capacidades y limitaciones. Esta autoconciencia constituye la base de los rasgos y comportamientos emergentes de su personalidad. Además, el logro exitoso de la autonomía en la primera infancia fomenta una autoimagen positiva y cultiva un sentido de dominio, sentando las bases para un desarrollo psicológico saludable.

La autonomía está estrechamente relacionada con el concepto de autodeterminación, ya que las personas que se sienten empoderadas para tomar decisiones y responsabilizarse de sus acciones desarrollan un sólido sentido de identidad y autonomía. Esta motivación intrínseca las impulsa a perseguir metas y desafíos con confianza, contribuyendo al desarrollo progresivo de su personalidad. Además, la autonomía fomenta el desarrollo de habilidades de resolución de problemas y adaptabilidad, ya que las personas aprenden a gestionar los reveses y los éxitos de forma independiente, lo que fortalece su resiliencia y sus mecanismos de afrontamiento. Estos fundamentos psicológicos subrayan el profundo impacto de la autonomía en el desarrollo de la personalidad, destacando su papel en el fomento de un sentido de propósito y dirección en la vida.

El desarrollo de la autonomía durante la primera infancia depende de entornos propicios que faciliten la exploración, brinden oportunidades para la toma de decisiones y validen las preferencias individuales. Los cuidadores y educadores desempeñan un papel crucial en el fomento de la autonomía, ofreciendo apoyo, orientación y estímulo a medida que los niños se embarcan en el camino del autodescubrimiento. Al reconocer y respetar la autonomía de los niños, los adultos contribuyen a la consolidación de sus personalidades en desarrollo, reforzando la importancia de la autonomía individual y la autoexpresión. Este entorno de apoyo permite a los niños interiorizar un sentido de autonomía y autosuficiencia, lo que mejora su bienestar psicológico general y sienta las bases para el desarrollo adaptativo de la personalidad.

En conclusión, la autonomía ocupa un lugar central en el desarrollo de la personalidad, siendo la piedra angular para cultivar la resiliencia, la autodeterminación y la autoimagen. Su profunda influencia se extiende más allá de la primera infancia, permeando las etapas posteriores del desarrollo psicosocial e influyendo en la trayectoria vital de una persona. Comprender los fundamentos psicológicos de la autonomía ofrece perspectivas sobre la interacción entre las experiencias tempranas y los rasgos de personalidad duraderos, destacando la importancia de la autonomía para fomentar personalidades holísticas, adaptativas y prósperas.

- Influencia parental - Estímulo y apoyo a la autonomía:

A medida que los niños progresan en la etapa crucial del desarrollo de la autonomía, la influencia del apoyo y el estímulo parental es fundamental. Los padres desempeñan un papel fundamental en el fomento de la creciente independencia de sus hijos, proporcionando una base sólida para la exploración de su individualidad y autonomía. La forma en que los padres responden a los intentos de autonomía de sus hijos influye significativamente en su autoestima y competencia.

Ante todo, es fundamental que los padres reconozcan y respeten la autonomía emergente de sus hijos. Esto implica fomentar un entorno que les permita tomar decisiones dentro de los límites adecuados para su edad. Al ofrecerles oportunidades de autoexpresión y toma de decisiones, los padres validan el creciente sentido de independencia y capacidad de sus hijos. Además, ofrecer expectativas claras y coherentes, junto con el refuerzo positivo, puede empoderar al niño para que tome la iniciativa y afirme su autonomía en diversos aspectos de su vida.

Además de facilitar la autonomía, los padres también tienen la responsabilidad de ofrecer orientación y apoyo en momentos de dificultad o incertidumbre. Es crucial que los padres logren un equilibrio entre promover la independencia y brindar tranquilidad, especialmente cuando su hijo enfrenta desafíos. Al reconocer y validar las emociones del niño, los padres pueden inculcarle seguridad y resiliencia, mitigando así el posible desarrollo de la vergüenza y la duda. Mediante una comunicación constructiva y una comprensión empática, los padres pueden fomentar un entorno de apoyo donde el niño se sienta cómodo explorando su creciente autonomía, sabiendo que cuenta con una fuente confiable de apoyo y apoyo cuando lo necesite.

No debe subestimarse el papel del comportamiento de modelado en la influencia parental en el desarrollo de la autonomía. Los niños suelen aprender observando el comportamiento y las interacciones de adultos importantes en sus vidas. Por lo tanto, los padres sirven como modelos principales para demostrar autonomía, habilidades de resolución de problemas y regulación emocional. Al exhibir una autonomía saludable y mecanismos de afrontamiento en sus propias acciones, los padres proporcionan eficazmente un modelo que sus hijos pueden emular e internalizar. Este proceso de modelado ayuda a moldear las percepciones y actitudes del niño hacia la autonomía, fomentando un enfoque positivo y adaptativo para afirmar su independencia.

- El espectro de resultados - El equilibrio entre la autonomía, la vergüenza y la duda:

En la etapa de autonomía frente a vergüenza y duda, los niños se enfrentan a un delicado equilibrio al esforzarse por afirmar su independencia y, al mismo tiempo, gestionar las expectativas y limitaciones impuestas por sus cuidadores y su entorno. Esta fase crucial del desarrollo sienta las bases para el sentido de identidad del niño y su capacidad para interactuar con el mundo. A medida que los niños comienzan a explorar su entorno, también se encuentran con límites y normas que pueden apoyar su autonomía o infundirles vergüenza y duda. El espectro de resultados en esta etapa refleja los distintos grados de resolución exitosa, lo que puede afectar significativamente el bienestar general de una persona. En un extremo del espectro, los niños que reciben estímulo y apoyo constantes en sus intentos de afirmar su independencia tienden a desarrollar un fuerte sentido de autonomía. Demuestran confianza, seguridad en sí mismos y una sana curiosidad por el mundo que los rodea. Por otro lado, cuando los niños experimentan críticas excesivas, sobreprotección o falta de oportunidades para tomar decisiones, pueden internalizar sentimientos de vergüenza y duda, lo que lleva a una disminución de la autoestima y a una reticencia a explorar y participar de forma independiente. Es fundamental reconocer que el recorrido de cada niño por esta etapa es único y está influenciado por diversos factores como el temperamento, la dinámica familiar y el contexto cultural. Comprender el espectro de resultados permite a los cuidadores, educadores y profesionales de la salud mental brindar apoyo e intervenciones específicas para ayudar a los niños a superar los desafíos y cultivar un sentido positivo de autonomía. Al reconocer el delicado equilibrio entre la autonomía y la vergüenza o la duda, las partes interesadas pueden crear entornos propicios que honren la creciente independencia de los niños, a la vez que ofrecen orientación y consuelo cuando sea necesario. La consideración de este espectro subraya la profunda importancia de las experiencias tempranas en la formación de la identidad en evolución y la resiliencia psicológica del niño. A través del análisis y la interacción empática, es posible mitigar el posible impacto negativo de la vergüenza y la duda, allanando el camino para una autonomía sólida y un desarrollo emocional saludable.

- Comparación con la etapa de confianza versus desconfianza:

La etapa de Autonomía versus vergüenza y duda en la primera infancia representa un punto crítico en la teoría del desarrollo psicosocial de Erikson. Para comprender plenamente su importancia, es pertinente analizarla en relación con la etapa anterior de Confianza versus Desconfianza. Mientras que la etapa de Confianza versus Desconfianza se centra en el desarrollo de la confianza en uno mismo y en el mundo exterior, la etapa de Autonomía versus vergüenza y duda marca el inicio de los intentos del niño por explorar y tomar decisiones de forma independiente. Este cambio fundamental, desde la dependencia de los cuidadores hasta la asertividad de la propia voluntad, sienta las bases para el futuro desarrollo de la personalidad. La etapa de Confianza versus Desconfianza sienta las bases para el desarrollo de la esperanza y la seguridad, que, una vez establecidas con éxito, pueden proporcionar una base sólida para la búsqueda de la autonomía en la etapa posterior. La comparación de estas dos etapas arroja luz sobre el continuo del crecimiento psicológico, desde el establecimiento de la confianza fundamental hasta la expresión floreciente de la autonomía. Comprender la interacción entre estas etapas permite una comprensión integral de cómo las experiencias tempranas moldean la capacidad de un individuo para las relaciones interpersonales, la autoconfianza y la regulación emocional. Además, examinar las diferencias evolutivas entre la confianza y la autonomía ofrece valiosas perspectivas sobre las complejidades de fomentar un desarrollo psicosocial saludable en los niños pequeños.

- Integración dentro de los marcos de desarrollo a lo largo de la vida:

A medida que los niños logran el delicado equilibrio entre afirmar su autonomía y lidiar con sentimientos de vergüenza o duda, los impactos de esta fase repercuten en sus etapas de desarrollo posteriores y en la edad adulta. Por lo tanto, comprender la integración de esta etapa en los marcos de desarrollo a lo largo de la vida es esencial para comprender la naturaleza holística del desarrollo humano.

Esta fase es fundamental para desarrollar la resiliencia y la autoestima, atributos cruciales que influyen en cómo las personas abordan y afrontan diversos desafíos a lo largo de su vida. La resolución exitosa de la Autonomía frente a la Vergüenza y la Duda sienta las bases para las etapas posteriores, sentando las bases para la formación de una identidad sana y la capacidad de establecer relaciones significativas en la edad adulta. Por otro lado, los problemas no resueltos de esta etapa pueden manifestarse como sentimientos de incompetencia, inseguridad y dificultades para establecer vínculos estrechos con los demás. Es evidente que el impacto de las experiencias tempranas repercute más allá de la infancia, lo que subraya la importancia de integrar esta etapa en un marco de desarrollo integral.

La interacción entre la Autonomía, la Vergüenza y la Duda, y las etapas de desarrollo posteriores, resalta la influencia perdurable de las experiencias tempranas en el bienestar psicológico del individuo. Por ejemplo, la gestión eficaz de la Autonomía sienta las bases para la adopción de la Laboriosidad, en lugar de la Inferioridad, en la infancia media, ya que los niños que han desarrollado un sano sentido de autonomía son más propensos a participar con entusiasmo en el dominio de nuevas habilidades y competencias, mientras que aquellos aquejados por la vergüenza o la duda pueden luchar con sentimientos de incompetencia e inferioridad. De igual manera, la transición de la Autonomía a la Iniciativa marca un período crítico para desarrollar un sentido de propósito y dirección en las propias acciones, lo que subraya la naturaleza interconectada de estos hitos del desarrollo.

La integración de la autonomía frente a la vergüenza y la duda en los marcos de desarrollo a lo largo de la vida tiene implicaciones significativas para diversos ámbitos profesionales, como la educación, la psicología y el trabajo social. Los educadores desempeñan un papel fundamental en la creación de entornos que fomentan la autonomía, a la vez que promueven un sentido de competencia y dominio. Al comprender las complejidades de esta fase del desarrollo, los educadores pueden adaptar sus métodos de enseñanza para empoderar a los niños a tomar decisiones, desarrollar habilidades de resolución de problemas y cultivar una autoimagen positiva. En la práctica psicológica, reconocer las profundas influencias de las experiencias tempranas permite a los profesionales clínicos identificar y abordar problemas subyacentes que pueden perdurar hasta la edad adulta, ofreciendo intervenciones específicas para promover un desarrollo psicológico saludable y el bienestar emocional.

- Estrategias para fomentar la autonomía en entornos educativos:

Los entornos educativos desempeñan un papel crucial en el desarrollo de la autonomía de los niños, ya que pasan una cantidad considerable de tiempo en escuelas y otros entornos de aprendizaje. Implementar estrategias eficaces para fomentar la autonomía en estos entornos es esencial para el desarrollo integral de los jóvenes. Una estrategia clave es brindar oportunidades para la toma de decisiones y la resolución de problemas dentro del currículo académico. Al permitir que los estudiantes participen en las actividades, proyectos y tareas del aula, los educadores pueden empoderarlos para que se apropien de su proceso de aprendizaje. Esto no solo fomenta la autonomía, sino que también cultiva el sentido de responsabilidad y la autoeficacia. Además, es fundamental promover un ambiente de clase comprensivo e inclusivo. Cuando los estudiantes se sienten respetados y valorados, es más probable que se expresen, exploren sus intereses y participen en debates significativos. Los educadores deben crear un espacio seguro donde se valoren y fomenten las diversas perspectivas. Asimismo, incorporar experiencias de aprendizaje cooperativo en el marco educativo puede contribuir significativamente al desarrollo de la autonomía. Los proyectos colaborativos y las actividades grupales permiten a los estudiantes practicar importantes habilidades sociales y de comunicación, a la vez que adquieren confianza en sus capacidades. Al trabajar colectivamente hacia objetivos comunes, las personas aprenden a gestionar dinámicas interpersonales y a negociar diferentes puntos de vista, fortaleciendo así su autonomía. Además, es fundamental brindar retroalimentación y orientación constructivas sin ser excesivamente prescriptivos. Los docentes deben procurar ofrecer apoyo que empodere a los estudiantes para que tomen decisiones informadas y aprendan de sus experiencias. Al lograr un equilibrio entre fomentar la autonomía y ofrecer orientación, los educadores pueden inculcar un sentido de autonomía e independencia en sus estudiantes. Asimismo, integrar aplicaciones del mundo real y oportunidades de aprendizaje experiencial en el proceso educativo puede potenciar el desarrollo de la autonomía. Involucrar a los estudiantes en experiencias prácticas y exponerlos a desafíos prácticos les permite aplicar los conocimientos teóricos en contextos significativos. Este enfoque no solo fomenta la autonomía, sino que también fomenta el pensamiento crítico y la capacidad de resolución de problemas. Finalmente, fomentar una sólida colaboración con padres y cuidadores es esencial para promover la autonomía en entornos educativos. Colaborar con las familias para reforzar mensajes coherentes sobre la autonomía y proporcionar recursos para prácticas parentales positivas puede crear un sistema de apoyo cohesivo para el desarrollo de la autonomía del niño. Al alinear objetivos y estrategias entre los entornos del hogar y la escuela, los educadores pueden empoderar aún más a los estudiantes para que tomen la iniciativa y la responsabilidad de su aprendizaje y crecimiento personal.

3. Iniciativa versus culpa:

- Introducción:

La etapa de iniciativa versus culpa representa un momento crucial en el desarrollo psicosocial del niño, marcado por importantes fundamentos psicológicos y perspectivas teóricas. En esta etapa, los niños suelen tener entre tres y seis años, cuando empiezan a afirmar su independencia y a participar en actividades con un propósito. Esta etapa es esencial para comprender el impacto del desarrollo infantil temprano, ya que sienta las bases para el futuro crecimiento social y emocional. Conceptos clave como la autonomía, la exploración y la autoeficacia son fundamentales durante esta fase.

Uno de los hitos fundamentales asociados con la etapa de iniciativa versus culpa es el surgimiento de la imaginación y la curiosidad en los niños pequeños. Empiezan a expresar sus deseos y a tomar la iniciativa en el juego y las interacciones sociales. A través del juego imaginativo, experimentan con diversos roles y escenarios, lo que fomenta el desarrollo cognitivo y emocional. Además, el desarrollo de la conciencia y el razonamiento moral se configura durante esta etapa, influyendo en el sentido de iniciativa y responsabilidad del niño.

Las perspectivas teóricas, en particular las del reconocido psicólogo Erik Erikson, arrojan luz sobre la importancia de esta etapa en la formación de la identidad evolutiva del niño. Erikson postuló que la gestión exitosa del conflicto entre iniciativa y culpa genera un sentido de propósito y dirección, mientras que los problemas no resueltos en esta etapa pueden generar sentimientos de incompetencia y dudas sobre uno mismo. Estas perspectivas proporcionan valiosos marcos para comprender la interacción de las dinámicas psicológicas durante la primera infancia.

El contexto cultural y social desempeña un papel crucial en la configuración de las experiencias de los niños durante esta etapa. Las influencias culturales pueden determinar las oportunidades y limitaciones para la iniciativa individual, lo que repercute en el desarrollo del sentido de autonomía y competencia del niño. Es fundamental considerar diversas perspectivas y prácticas para comprender cómo los diferentes contextos socioculturales pueden influir en la manifestación de la iniciativa y la culpa en la primera infancia.

- Fundamentos psicológicos y reflexiones teóricas:

La etapa de iniciativa versus culpa, que generalmente ocurre entre los tres y los seis años, sienta las bases para el sentido de iniciativa y propósito del niño, así como para su percepción de autoeficacia. Para comprender plenamente las dinámicas que intervienen durante esta fase del desarrollo, es fundamental explorar los fundamentos psicológicos y las perspectivas teóricas que la sustentan.

En el centro de esta etapa se encuentra el concepto de iniciativa, mediante el cual los niños comienzan a afirmarse y a asumir nuevos retos. Este creciente sentido de autonomía y el deseo de participar en actividades independientes están intrínsecamente vinculados al desarrollo de un autoconcepto saludable. Además, la interacción entre los impulsos internos y las influencias externas influye significativamente en las experiencias del niño durante este período crítico.

Desde una perspectiva teórica, las obras de psicólogos de renombre como Jean Piaget y Lev Vygotsky ofrecen valiosas perspectivas sobre el desarrollo cognitivo y social de los niños pequeños. La teoría del desarrollo cognitivo de Piaget enfatiza la noción de egocentrismo durante la etapa preoperacional, lo que arroja luz sobre cómo los niños interpretan el mundo que los rodea. Por su parte, la teoría sociocultural de Vygotsky subraya la importancia de las interacciones sociales y las influencias culturales en el aprendizaje y el desarrollo infantil.

Además de estas teorías fundamentales, la investigación contemporánea ha profundizado en las complejidades de la psicología infantil, reconociendo la naturaleza multifacética de las iniciativas y los sentimientos de culpa asociados. La realización de tareas y la búsqueda de metas pueden generar un sentido de dominio y competencia, fomentando así una autoestima saludable. Por el contrario, los sentimientos de culpa no resueltos derivados de la percepción de fracasos pueden obstaculizar la disposición del niño a explorar y asumir riesgos, lo que podría afectar futuras etapas de su desarrollo.

Las perspectivas psicoanalíticas de Freud sobre el Superyó y su influencia en el desarrollo moral ofrecen una perspectiva para examinar el conflicto interno entre la iniciativa y la culpa. Al comprender la interacción entre los impulsos inconscientes y las expectativas sociales, obtenemos una comprensión más profunda de los fundamentos psicológicos del desarrollo del sentido de agencia en el niño.

- El papel de la dinámica familiar en el desarrollo de la iniciativa:

A medida que los niños progresan en la etapa de Iniciativa versus culpa, sus interacciones dentro de la unidad familiar influyen significativamente en su propensión a explorar, asumir riesgos y afirmarse. La calidad de las relaciones entre padres e hijos, los estilos de crianza y el entorno familiar contribuyen a fomentar o inhibir el sentido de iniciativa en los niños pequeños.

Uno de los elementos clave para comprender el papel de la dinámica familiar es la teoría del apego, que postula que la calidad de los vínculos tempranos entre los niños y sus cuidadores impacta profundamente en su desarrollo socioemocional. Los vínculos seguros sientan las bases para que los niños se sientan seguros y apoyados en su exploración del mundo, permitiéndoles desarrollar un sentido de autonomía e iniciativa. Por otro lado, los vínculos inseguros o desorganizados pueden generar indecisión, miedo al fracaso y falta de confianza en las propias capacidades.

Además, el estilo de crianza familiar influye directamente en la percepción que el niño tiene de su propia autonomía y capacidad. La crianza autoritaria, caracterizada por la calidez, la receptividad y las exigencias razonables, tiende a facilitar el desarrollo de la iniciativa en los niños. Por el contrario, los estilos de crianza autoritarios o permisivos pueden obstaculizar el sentido de iniciativa al imponer un control estricto o al carecer de una guía y límites adecuados.

El entorno familiar más amplio, incluyendo las relaciones entre hermanos, los patrones de comunicación familiar y los sistemas de apoyo en general, también influye en la disposición del niño a explorar y tomar la iniciativa. Los hermanos pueden ser tanto compañeros como rivales, lo que influye en la disposición del niño a asumir riesgos y afirmar su independencia. Una comunicación sana dentro de la familia fomenta un entorno donde los niños se sienten escuchados, comprendidos y animados a perseguir sus intereses y metas.

Reconocer el impacto de la dinámica familiar en el desarrollo de la iniciativa es crucial para guiar a padres, cuidadores y educadores en la creación de un entorno propicio para un crecimiento psicológico saludable. Comprender la interacción entre los factores familiares y el surgimiento de la iniciativa permite intervenciones específicas y sistemas de apoyo para empoderar a los niños a medida que progresan en esta etapa crucial del desarrollo psicosocial.

- Influencias Educativas - Exploración y creatividad:

A través de un entorno educativo propicio, los niños tienen oportunidades para explorar sus intereses, expresar su creatividad y desarrollar su autonomía. Es en el contexto de la educación infantil temprana donde se perfeccionan las habilidades sociales y cognitivas fundamentales, sentando las bases para futuros logros personales y académicos.

Un currículo que prioriza el aprendizaje experiencial y las actividades prácticas facilita el desarrollo de la iniciativa. Animar a los niños a participar en juegos imaginativos y abiertos les permite asumir riesgos, resolver problemas y ejercer su autonomía en la toma de decisiones. Al proporcionar un entorno educativo estimulante y de apoyo, los educadores pueden empoderar a los jóvenes estudiantes para que cultiven su curiosidad innata y desarrollen un sentido positivo de autonomía.

El papel de los educadores como facilitadores de la exploración y la creatividad es fundamental. Actúan como guías para fomentar la inclinación natural de los niños a descubrir e innovar. Al ofrecer diversas oportunidades de aprendizaje, pueden inspirar a los niños a ampliar sus horizontes y afrontar nuevos retos. Fomentar una mentalidad de crecimiento, en la que los errores se consideran oportunidades de aprendizaje y crecimiento, contribuye al desarrollo de la resiliencia y la autoeficacia en los niños.

Es fundamental que los educadores de la primera infancia reconozcan el valor del pensamiento divergente y la expresión creativa. Las actividades artísticas, como el dibujo, la pintura y la narración, sirven como canales para que los niños comuniquen sus pensamientos y emociones, perfeccionando tanto su inteligencia emocional como su capacidad creativa. Además, la exposición a perspectivas multiculturales y narrativas diversas anima a los niños a apreciar su propia identidad cultural, a la vez que fomenta la empatía y la comprensión hacia los demás.

Incorporar tecnología apropiada para la edad en el marco educativo también puede brindar oportunidades de exploración e innovación. El uso de aplicaciones educativas, plataformas digitales interactivas y recursos multimedia puede mejorar la participación de los niños en el aprendizaje, permitiéndoles explorar los entornos digitales de forma responsable y, al mismo tiempo, fomentar la alfabetización tecnológica.

- Iniciativa y perspectivas culturales sobre la primera infancia:

Las perspectivas culturales influyen en los valores, creencias y prácticas que guían las interacciones de los niños con el mundo que los rodea. Al examinar las influencias culturales en el desarrollo de la primera infancia, es fundamental reconocer la diversidad de costumbres, tradiciones y normas sociales que definen a una comunidad o grupo étnico determinado. Estos factores culturales inciden significativamente en la percepción de autonomía, liderazgo y toma de decisiones de los niños, lo que influye en su actitud hacia la iniciativa y la superación de posibles sentimientos de culpa.

En muchas culturas, el concepto de iniciativa en la primera infancia está estrechamente ligado a los valores del colectivismo o el individualismo. Las sociedades colectivistas suelen enfatizar los objetivos comunitarios y las conductas cooperativas, lo que puede inculcar un sentido de interconexión y responsabilidad comunitaria en los niños pequeños. Por el contrario, las culturas individualistas pueden priorizar la autonomía y la independencia, animando a los niños a afirmar su autonomía y perseguir sus intereses individuales. Al comprender el contexto cultural, los educadores y cuidadores pueden ayudar mejor a los niños a conciliar cualquier posible conflicto entre estos diferentes sistemas de valores, fomentando un equilibrio saludable de confianza y conexión social.

Las narrativas culturales, el folclore y los cuentos tradicionales suelen ser medios poderosos para transmitir expectativas sociales y lecciones morales relacionadas con la iniciativa y la culpa en contextos culturales específicos. A través de la narración y las tradiciones orales, los niños aprenden sobre el heroísmo, la resiliencia y las consecuencias de las acciones impulsivas, internalizando así los ideales culturales en torno a la iniciativa y la toma de decisiones éticas. Además, los rituales y ceremonias en diversos contextos culturales brindan oportunidades para que los niños demuestren iniciativa y contribuyan a la comunidad, reforzando aún más la importancia del compromiso proactivo y la responsabilidad social.

Los propios idiomas también reflejan actitudes culturales hacia la iniciativa, ya que ciertas expresiones idiomáticas o proverbios pueden subrayar los valores de la perseverancia, la asunción de riesgos o la prudencia. Por ejemplo, en algunas culturas, las frases que ensalzan las virtudes del coraje y el espíritu aventurero pueden enriquecer las experiencias lingüísticas de los niños, promoviendo sutilmente una mentalidad propicia para afrontar retos y emprender nuevos proyectos. Por el contrario, los matices lingüísticos que previenen contra la imprudencia o la impulsividad pueden inculcar en los niños un sentido de deliberación y reflexión moral, contribuyendo a una comprensión más matizada de la iniciativa y la culpa dentro de su contexto cultural.

En definitiva, reconocer y respetar la diversidad de perspectivas culturales sobre la iniciativa en la primera infancia es vital para promover trayectorias de desarrollo inclusivas y equitativas para todos los niños. Al integrar la conciencia cultural en las prácticas educativas y los enfoques parentales, podemos crear entornos que empoderen a los niños para gestionar la compleja interacción entre la iniciativa y la culpa, fomentando un profundo aprecio por su propia identidad cultural y adoptando una comprensión global del desarrollo humano.

- Evaluación de la iniciativa e identificación de desafíos:

La evaluación del desarrollo de la iniciativa en la primera infancia requiere una comprensión detallada de los factores que influyen en el comportamiento y los procesos de pensamiento del niño. A menudo, evaluar la iniciativa implica observar atentamente las interacciones del niño con su entorno, sus compañeros y las figuras de autoridad. También implica considerar cuidadosamente los desafíos que los niños pueden enfrentar al esforzarse por desarrollar su sentido de iniciativa.

Al evaluar la iniciativa, es fundamental considerar diversos aspectos del comportamiento del niño, como su curiosidad, su capacidad para resolver problemas y su disposición a asumir nuevas tareas. Observar cómo un niño participa en juegos de simulación, explora su entorno e interactúa con los demás puede proporcionar información valiosa sobre su nivel de iniciativa. Además, evaluar sus habilidades de comunicación verbal y no verbal puede revelar su confianza y asertividad al iniciar interacciones y expresar sus necesidades y deseos.

Al evaluar la iniciativa, es igualmente importante tener en cuenta los desafíos que los niños pueden enfrentar durante esta etapa de desarrollo. Un desafío común es el miedo al fracaso, que puede disuadirlos de asumir riesgos y buscar nuevas oportunidades. Este miedo puede provenir de experiencias previas de crítica o desaprobación, lo que genera reticencia a salir de su zona de confort. Además, las expectativas sociales y culturales también pueden limitar la expresión de iniciativa del niño, influyendo en sus decisiones y acciones.

Además de los desafíos internos y externos, la presencia de cuidadores sobreprotectores o excesivamente críticos puede afectar el desarrollo de la iniciativa infantil. Una crianza sobreprotectora puede limitar la autonomía y la autoexpresión del niño, mientras que los entornos excesivamente críticos pueden inculcarle sentimientos de incompetencia e inseguridad. Reconocer estos desafíos es crucial para crear entornos de apoyo que fomenten y fomenten una iniciativa saludable en la primera infancia.

Para abordar estos desafíos, educadores, padres y cuidadores deben adoptar un enfoque holístico que fomente la autonomía, la resiliencia y una autoestima positiva en los niños. Ofrecer oportunidades de juego estructurado y no estructurado, fomentar la comunicación abierta y reconocer el esfuerzo de los niños son estrategias vitales para promover el desarrollo de una iniciativa saludable. Además, ofrecer orientación y apoyo, a la vez que permite la exploración y la asunción de riesgos, puede ayudar a los niños a superar los desafíos y sentar las bases de una mentalidad proactiva y segura.

- Estrategias para fomentar un desarrollo saludable:

El desarrollo psicológico saludable en el contexto de la etapa de Iniciativa versus culpa de la primera infancia requiere una comprensión integral de las estrategias que pueden emplearse para fomentar el crecimiento positivo y la resiliencia en los niños pequeños. Es fundamental que los cuidadores, educadores y profesionales de la salud mental reconozcan la importancia de la intervención y el apoyo proactivos para que los niños superen con éxito esta etapa del desarrollo.

Una estrategia crucial consiste en crear un entorno que fomente la exploración y fomente la autonomía en los niños pequeños. Brindar oportunidades para la toma de decisiones apropiadas para su edad y la resolución independiente de problemas empodera a los niños para desarrollar un sentido de competencia y autonomía. A través del juego guiado, como actividades constructivas e imaginativas, los niños pueden aprender a expresar su creatividad, asumir riesgos y cultivar una imagen positiva de sí mismos. Además, reconocer y validar sus esfuerzos en lugar de centrarse únicamente en los resultados puede inculcarles un sentido de orgullo y logro, reforzando su confianza e iniciativa.

Otro aspecto fundamental para promover un desarrollo saludable es fomentar relaciones positivas y enriquecedoras con sus cuidadores, compañeros y otras personas importantes en la vida del niño. Cultivar vínculos de apego seguros y canales de comunicación abiertos permite que los niños se sientan apoyados y valorados emocionalmente en sus esfuerzos, reduciendo así la probabilidad de culpa y dudas excesivas. Fomentar la comprensión empática y la validación de las emociones, a la vez que se ofrece orientación constructiva, ayuda a los niños a desarrollar una sólida autoestima y resiliencia, cualidades esenciales para afrontar las complejidades de la primera infancia.

Implementar estrategias disciplinarias consistentes y apropiadas para el desarrollo es fundamental para fomentar un crecimiento psicológico saludable. Establecer límites claros pero flexibles, junto con retroalimentación constructiva y redirección, permite a los niños comprender las consecuencias de sus acciones sin generar una culpa o vergüenza abrumadoras. Enfatizar la importancia de aprender de los errores y brindar oportunidades de resolución y restitución fomenta el sentido de responsabilidad y refuerza la noción de crecimiento a través de las experiencias.

Además, integrar experiencias de socialización que promuevan la colaboración, la empatía y la conducta prosocial puede contribuir significativamente al desarrollo psicológico saludable de los niños en la etapa de Iniciativa versus culpa. Facilitar las interacciones entre iguales, el juego cooperativo y las actividades grupales fomenta los valores de la empatía, el compartir y la consideración de las perspectivas de los demás. Estas experiencias facilitan el desarrollo de habilidades sociales saludables, a la vez que fomentan un sentido de pertenencia y conexión, lo que, en última instancia, contribuye a un autoconcepto positivo y al bienestar emocional.

Un componente importante para apoyar el desarrollo saludable en la primera infancia consiste en promover la integración de la educación y los recursos de salud mental en los entornos educativos y comunitarios. Al priorizar la concienciación y la comprensión de las etapas típicas del desarrollo y las necesidades psicológicas de los niños pequeños, las partes interesadas pueden implementar intervenciones específicas y sistemas de apoyo para abordar los desafíos de forma eficaz. La colaboración entre educadores, profesionales de la salud mental y familias es fundamental para crear un entorno propicio para el crecimiento integral y la resiliencia.

En conclusión, el fomento exitoso de un desarrollo psicológico saludable en niños que atraviesan la etapa de Iniciativa versus culpa requiere un enfoque multifacético que abarque factores ambientales, relacionales, disciplinarios, sociales y sistémicos.

- Interrelación con etapas anteriores y posteriores:

En el contexto de la teoría del desarrollo psicosocial de Erikson, comprender la interrelación entre la etapa de Iniciativa y Culpa en la primera infancia y sus etapas anteriores y posteriores es crucial para comprender la progresión holística del desarrollo humano. Esta interrelación proporciona información valiosa sobre la continuidad y los efectos de las experiencias tempranas en el crecimiento psicológico posterior. La resolución exitosa de la crisis en cada etapa sienta las bases para abordar los desafíos y los hitos posteriores.

Iniciativa versus culpa se basa en la etapa anterior de autonomía versus vergüenza y duda, donde los niños comienzan a afirmar su independencia y a desarrollar autocontrol sobre sus acciones y decisiones. La resolución positiva de la etapa de autonomía fomenta el surgimiento de la iniciativa, ya que los niños se sienten empoderados para explorar su entorno y participar en actividades con propósito. Por el contrario, los problemas no resueltos de la etapa de autonomía pueden generar sentimientos de incompetencia y dudas sobre uno mismo, lo que dificulta el desarrollo de una iniciativa sana.

Los resultados de la etapa de iniciativa versus culpa influyen significativamente en la etapa posterior de laboriosidad versus inferioridad en la infancia media. Los niños que han desarrollado con éxito un sentido de iniciativa son más propensos a abordar nuevas tareas con confianza y entusiasmo, buscando oportunidades para demostrar sus competencias y habilidades. Por el contrario, quienes padecen una culpa no resuelta pueden lidiar con sentimientos de inferioridad e incompetencia, lo que afecta sus esfuerzos por afrontar nuevos retos y adquirir nuevos conocimientos y habilidades.

Es fundamental reconocer que, si bien cada etapa presenta conflictos psicológicos y soluciones distintos, estos están interconectados en una trayectoria de desarrollo continua. Superar con éxito las crisis anteriores contribuye a sentar las bases para afrontar los desafíos posteriores, lo que facilita un sentido de competencia y dominio. Por el contrario, los conflictos no resueltos pueden obstaculizar el progreso y crear obstáculos en la búsqueda de un desarrollo saludable en etapas posteriores.

Al enfatizar la interrelación entre las etapas, los profesionales y cuidadores adquieren una comprensión más profunda de las múltiples influencias que configuran el desarrollo psicológico de un niño. Reconocer estas interconexiones permite intervenciones específicas y estrategias de apoyo destinadas a abordar cualquier problema persistente y promover el crecimiento integral a lo largo de la vida. Además, reconocer la naturaleza entrelazada de las etapas del desarrollo subraya la importancia de realizar evaluaciones e intervenciones integrales que consideren el contexto más amplio del desarrollo, en lugar de aislar las etapas individuales.

4. Laboriosidad versus inferioridad:

- Introducción:

La etapa de laboriosidad versus inferioridad abarca los hitos del desarrollo de los niños de aproximadamente 6 a 12 años. Representa un momento crítico en el que las personas comienzan a desarrollar un sentido de competencia y dominio, sentando las bases para sus futuras interacciones y logros. En esta etapa, el concepto de laboriosidad es fundamental, ya que se refiere a la capacidad del niño para participar en actividades productivas y significativas, como las tareas escolares, las aficiones y las interacciones sociales, contribuyendo así positivamente a su autoestima y formación de identidad. Por otro lado, la experiencia de inferioridad durante esta fase puede impactar profundamente el autoconcepto y la visión del mundo del niño, pudiendo generar sentimientos de incompetencia e incompetencia. Comprender las complejidades de esta etapa es fundamental para comprender las dinámicas psicológicas y emocionales que intervienen en la infancia media. Además, sienta las bases para una mayor exploración de los factores externos e internos que influyen en la percepción del niño sobre sus habilidades y competencias, moldeando así su trayectoria de desarrollo.

- El rango de edad y el contexto del desarrollo:

La infancia media se caracteriza por importantes cambios cognitivos, emocionales y sociales a medida que los niños comienzan a desarrollar un sentido más profundo de autoconciencia e independencia. Representa un período de transición crucial entre la dependencia de la primera infancia y el inicio de la adolescencia, que conlleva numerosos desafíos y oportunidades para el crecimiento personal.

Desde un punto de vista evolutivo, la infancia media se caracteriza por la consolidación de habilidades fundamentales y el surgimiento de capacidades cognitivas más complejas. Los niños de esta edad son cada vez más capaces de desarrollar el pensamiento abstracto, la resolución de problemas y el razonamiento lógico, sentando las bases para futuras actividades intelectuales. Además, este período se caracteriza por un rápido crecimiento físico y desarrollo de las habilidades motoras, así como por el perfeccionamiento del lenguaje y la comunicación. En el ámbito emocional, los niños de la infancia media suelen experimentar una mayor conciencia de sus propios sentimientos y los de los demás, lo que les permite desarrollar interacciones y relaciones sociales más complejas.

Es importante reconocer que las trayectorias de desarrollo en la infancia media pueden variar significativamente según las diferencias individuales, las influencias ambientales y los factores culturales. Factores como el nivel socioeconómico, la dinámica familiar, las oportunidades educativas y los sistemas de apoyo comunitario desempeñan un papel fundamental en la configuración de las experiencias de los niños durante esta etapa del desarrollo. Además, el impacto de la tecnología, los medios de comunicación y las expectativas sociales configura aún más el contexto de desarrollo de la infancia media, influyendo en el desarrollo cognitivo, emocional y social de maneras únicas.

Comprender el rango de edad y el contexto de desarrollo de la infancia media proporciona una base para explorar las tareas y los desafíos psicológicos específicos que enfrentan los niños durante este período formativo. Al profundizar en las complejidades de esta fase del desarrollo, podemos obtener información clave sobre los factores que contribuyen al desarrollo del sentido de laboriosidad y competencia, así como sobre los posibles riesgos de experimentar sentimientos de inferioridad.

- Tareas psicológicas clave en la infancia media:

Durante la infancia media, los niños se enfrentan a diversas tareas y desafíos psicológicos que inciden en su autoestima, competencia e integración social. Una tarea psicológica clave en esta etapa es el desarrollo de un fuerte sentido de laboriosidad. Erik Erikson, reconocido psicólogo del desarrollo, propuso que los niños en esta etapa se ven impulsados por el deseo de completar tareas y dominar nuevas habilidades. Este afán de laboriosidad implica un creciente sentido de competencia, productividad y la disposición a interactuar eficazmente con compañeros y adultos.

Además, la infancia media se caracteriza por la necesidad de forjar relaciones positivas y crear vínculos significativos fuera del núcleo familiar. Los niños se esfuerzan por ganarse la aceptación de sus pares y desarrollar un sentido de pertenencia y competencia social. Esto les exige gestionar dinámicas sociales complejas, aprender a cooperar, negociar conflictos y desarrollar empatía y comprensión de las perspectivas de los demás.

El desarrollo cognitivo también desempeña un papel crucial durante la infancia media, a medida que los niños desarrollan su capacidad de pensar lógicamente y resolver problemas de forma independiente. Comienzan a mostrar un mayor control de la atención, una memoria mejorada y una creciente capacidad de pensamiento abstracto, lo que les permite abordar las tareas con mayor sofisticación.

El desarrollo moral y ético cobra mayor relevancia durante este período. Los niños comienzan a interiorizar las normas y valores sociales, a distinguir el bien del mal y a desarrollar una comprensión más profunda de la equidad y la justicia. Se les anima a mostrar empatía, a desarrollar conductas prosociales y a defender los principios morales en sus interacciones con los demás y en la comunidad en general.

- Papel de los entornos educativos:

En el contexto de la infancia media, los entornos educativos desempeñan un papel fundamental en el desarrollo y el bienestar psicosocial de los niños. Estos años de formación se caracterizan por un importante crecimiento cognitivo, emocional y social, y los entornos educativos sirven como plataformas cruciales para facilitar estos avances. Durante este período, los niños pasan del aprendizaje predominantemente lúdico de la primera infancia a un enfoque más estructurado y centrado en lo académico. Por lo tanto, la importancia de los entornos educativos es fundamental.

Una de las principales funciones de los entornos educativos durante la infancia media es proporcionar un espacio propicio para el crecimiento académico y no académico. El currículo académico, que incluye asignaturas como matemáticas, lengua y literatura y ciencias, no solo imparte conocimientos, sino que también fomenta el pensamiento crítico, la capacidad de resolución de problemas y la sensación de logro al dominar nuevos conceptos. Además, las actividades extracurriculares, como los deportes, las artes y la música, contribuyen al desarrollo integral de los niños, promoviendo la aptitud física, la creatividad y el trabajo en equipo. Al ofrecer una educación integral, las escuelas y otras instituciones educativas contribuyen a la competencia y la confianza general de los niños, componentes cruciales para progresar en la etapa de la industria frente a la inferioridad.

Los entornos educativos también sirven como escenarios cruciales para la interacción social y el desarrollo de habilidades.

En estos entornos, los niños tienen la oportunidad de interactuar con sus compañeros, sortear jerarquías sociales y desarrollar relaciones interpersonales. Las interacciones con compañeros y profesores les permiten perfeccionar sus habilidades de comunicación, empatizar con los demás y aprender la importancia de la colaboración. Además, la exposición a diversas perspectivas y orígenes culturales dentro de los entornos educativos puede promover la tolerancia, la comprensión y la aceptación de las diferencias, fomentando un sentido de pertenencia e inclusión entre los niños. Estas experiencias contribuyen significativamente a la formación de un autoconcepto positivo y de la competencia social, mitigando el riesgo de caer en sentimientos de inferioridad.

El entorno de apoyo y cuidado que ofrecen las instituciones educativas puede servir como protección contra posibles sentimientos de incompetencia o fracaso. Los docentes y cuidadores desempeñan un papel crucial en la creación de un ambiente donde los niños se sientan valorados, respetados y capaces. El refuerzo positivo, la retroalimentación constructiva y las oportunidades de éxito contribuyen a desarrollar un sentido de competencia y dominio, contrarrestando la aparición de complejos de inferioridad. Además, el acceso a recursos y servicios de apoyo dentro de los entornos educativos puede abordar las necesidades y desafíos individuales, garantizando que cada niño tenga la oportunidad de prosperar y desarrollar un sentido de esfuerzo.

- Influencia de los pares y comparación social:

A medida que los niños adquieren mayor capacidad cognitiva para comprender las dinámicas sociales, sus interacciones con sus compañeros influyen cada vez más en su sentido de identidad y competencia. Las relaciones entre iguales proporcionan una plataforma para que los niños aprendan sobre las normas, valores y comportamientos sociales, lo que influye en su autoestima y bienestar emocional. En este contexto, la necesidad de aceptación y validación de los compañeros cobra importancia, lo que lleva a una mayor conciencia de la comparación social. Los niños suelen participar en procesos de comparación para evaluar sus propias habilidades, logros y atributos en relación con sus compañeros, lo que puede motivar positivamente o afectar negativamente su autoconcepto. A medida que se enfrentan a las complejidades de las jerarquías sociales y las dinámicas de grupo, pueden experimentar sentimientos de inferioridad o competencia según cómo se perciben a sí mismos en relación con los demás. Además, la influencia de los compañeros va más allá de los aspectos psicológicos e incluye intereses, aficiones y actitudes. La adopción de ciertos comportamientos o preferencias puede surgir del deseo de encajar o ser aceptado por el grupo de iguales, lo que puede afectar la individualidad y el crecimiento personal. Comprender el papel de la influencia de los pares y la comparación social es esencial para educadores, padres y cuidadores, ya que influye en el desarrollo de habilidades sociales, resiliencia emocional y autoeficacia en los niños. Los educadores deben crear entornos inclusivos que promuevan relaciones positivas entre pares, fomenten el aprendizaje cooperativo y fomenten una cultura de empatía y respeto. Los padres y cuidadores pueden apoyar a los niños en el desarrollo de la asertividad, el pensamiento crítico y una autopercepción saludable, ayudándolos a gestionar las interacciones y comparaciones con sus pares.

- El desarrollo de competencias y habilidades:

El desarrollo de competencias y habilidades es un aspecto crucial de la etapa de la infancia media, que se caracteriza por la creciente capacidad de los niños para dominar diversas tareas y actividades. Este período marca una transición significativa a medida que las personas se esfuerzan por alcanzar la competencia en los ámbitos académico, extracurricular y social. Las capacidades cognitivas y físicas continúan evolucionando, lo que permite a los niños participar en la resolución de problemas complejos, la toma de decisiones y la coordinación. La competencia académica se convierte en un punto clave durante esta fase del desarrollo, con énfasis en la lectoescritura, la aritmética y el pensamiento crítico. A medida que los niños afrontan los retos de la educación formal, también cultivan competencias sociales y emocionales esenciales. La capacidad de participar en juegos cooperativos, resolver conflictos y colaborar con sus compañeros fomenta habilidades interpersonales cruciales. Simultáneamente, el desarrollo de la autoeficacia y la resiliencia contribuye al sentido general de competencia. Además, la adquisición de nuevas habilidades, aficiones e intereses profundiza la identidad individual y el autoconcepto. Padres, educadores y mentores desempeñan un papel fundamental para facilitar esta trayectoria de desarrollo. Fomentar la exploración, brindar retroalimentación constructiva y crear oportunidades para experiencias de dominio son fundamentales para fomentar el desarrollo de competencias y habilidades. Además, promover una mentalidad de crecimiento y fomentar la motivación intrínseca puede mejorar la disposición de los niños a afrontar los desafíos y perseverar ante los contratiempos. Es fundamental reconocer que el desarrollo de competencias y habilidades se ve influenciado por el contexto sociocultural más amplio. Las disparidades socioeconómicas, el acceso a los recursos y las normas culturales inciden significativamente en las oportunidades de desarrollo de habilidades. Por lo tanto, promover la equidad y la inclusión en entornos educativos y comunitarios es fundamental para garantizar que todos los niños tengan la oportunidad de desarrollar su potencial. En general, la etapa de la infancia media sirve como un período fundamental para el camino continuo hacia el dominio de las competencias y habilidades, sentando las bases para futuros logros académicos, profesionales e interpersonales.

- Consecuencias de los sentimientos de inferioridad:

Los sentimientos de inferioridad en la infancia media pueden tener consecuencias profundas y duraderas en el desarrollo emocional, social y cognitivo del niño. Estos sentimientos pueden surgir de la percepción de fracasos en el cumplimiento de las expectativas sociales y de desarrollo en cuanto a competencia y dominio en diversas áreas, como las académicas, deportivas o extracurriculares. A medida que los niños se esfuerzan por gestionar el complejo panorama del crecimiento y el logro durante este período crítico, experimentar sentimientos persistentes de incompetencia e inferioridad puede conducir a una multitud de resultados adversos. Una consecuencia significativa es la posible erosión de la autoestima y la autoeficacia, en la que los niños pueden comenzar a dudar de sus capacidades e internalizar creencias negativas sobre su valor y habilidades. Esto puede obstaculizar su disposición a asumir nuevos retos y obstaculizar su motivación general y su afán de superación. Además, la presencia de sentimientos de inferioridad también puede afectar las interacciones y relaciones sociales del niño. Los niños que se perciben a sí mismos como menos competentes o hábiles que sus compañeros pueden tener dificultades para establecer conexiones significativas y experimentar mayores niveles de ansiedad social y aislamiento. Estos sentimientos de incompetencia pueden contribuir al desarrollo de estrategias de afrontamiento desadaptativas, como el aislamiento social o la adopción de conductas destinadas a ocultar las deficiencias percibidas. Además, el impacto de los sentimientos de inferioridad trasciende el nivel individual e influye en trayectorias de desarrollo más amplias. Las experiencias persistentes de inferioridad pueden obstaculizar la capacidad del niño para aprender eficazmente y adquirir habilidades, lo que podría derivar en un bajo rendimiento académico o en la desconexión con las actividades educativas. Estas consecuencias negativas pueden prolongarse hasta la adolescencia y la edad adulta, afectando las elecciones vocacionales, las relaciones interpersonales y el bienestar mental. Es fundamental que los cuidadores, educadores y profesionales de la salud mental reconozcan y aborden las implicaciones de los sentimientos de inferioridad en la infancia media. Al brindar apoyo, estímulo y oportunidades para el desarrollo de habilidades y el éxito, los adultos pueden ayudar a mitigar los efectos adversos de la inferioridad y empoderar a los niños para que cultiven un sentido resiliente de competencia y autoestima.

- Roles de padres y cuidadores:

Los padres y cuidadores ejercen una influencia significativa en la vida de un niño durante la infancia media, impactando su desarrollo psicológico y su autopercepción. El apoyo, la orientación y las expectativas que establecen pueden influir significativamente en la capacidad del niño para desarrollar su laboriosidad y una autoestima saludable.

Una de las principales funciones de los padres y cuidadores durante esta etapa es brindar un entorno enriquecedor y de apoyo que fomente la exploración de nuevas habilidades y la búsqueda de intereses. Al fomentar un entorno que valore el esfuerzo y la perseverancia, los adultos pueden inculcar en los niños un sentido de esfuerzo y animarlos a enorgullecerse de sus logros. Además, la retroalimentación constructiva y el refuerzo positivo por parte de los padres y cuidadores pueden fortalecer el sentido de competencia del niño, motivándolo a seguir desarrollando sus habilidades y talentos.

Además, los padres y cuidadores ayudan a los niños a gestionar los desafíos y contratiempos enseñándoles resiliencia y estrategias de afrontamiento. Al guiarlos a través de experiencias difíciles y mostrarles técnicas de resolución de problemas, los adultos pueden brindarles las herramientas necesarias para superar obstáculos y mantener un sentido de dominio. Además, brindarles oportunidades de autonomía dentro de límites seguros les permite desarrollar un sentido de independencia y autosuficiencia, lo que contribuye a su sentimiento de competencia y capacidad.

La participación de los padres y cuidadores en la educación desempeña un papel fundamental para apoyar el crecimiento académico y personal de los niños durante esta etapa. La participación activa en la trayectoria educativa de un niño demuestra el valor que se otorga al aprendizaje y los logros, reforzando la importancia de la diligencia y la dedicación. Además, los padres y cuidadores actúan como defensores de sus hijos, promoviendo un ambiente escolar positivo y estableciendo una comunicación abierta con los educadores para garantizar que se satisfagan sus necesidades.

Es fundamental que los padres y cuidadores sean conscientes de sus propias actitudes y comportamientos, ya que los niños suelen imitar las acciones y actitudes que observan. Demostrar esfuerzo, perseverancia y una mentalidad de crecimiento puede inspirar a los niños a afrontar los desafíos con determinación y optimismo. Por el contrario, las actitudes excesivamente críticas o desinteresadas de los padres o cuidadores pueden contribuir a sentimientos de incompetencia e inhibir el afán de superación del niño.

- Impactos culturales y sociales:

El impacto de la cultura en la infancia media es profundo. Las creencias, tradiciones y prácticas culturales moldean los valores y las expectativas que se depositan en los niños. En culturas colectivistas, a los niños se les suele enseñar la importancia de la conformidad y la cooperación dentro del grupo, mientras que las culturas individualistas pueden enfatizar la autonomía y el logro personal. Estas diferentes normas culturales pueden afectar significativamente el sentido de laboriosidad y competencia de los niños, así como sus experiencias de éxito y fracaso. Además, las actitudes culturales hacia la educación, los roles de género y el nivel socioeconómico pueden influir considerablemente en la autopercepción y las aspiraciones de los niños.

Las influencias sociales, como la representación mediática, los avances tecnológicos y las disparidades económicas, también contribuyen al desarrollo psicosocial de los niños en la infancia media. La prevalencia de las redes sociales y las tecnologías digitales ha generado nuevos desafíos relacionados con el ciberacoso, los ideales de imagen corporal y las comparaciones con los compañeros. Además, los factores económicos pueden afectar el acceso a recursos educativos, actividades extracurriculares y sistemas de apoyo comunitario, lo que influye en las oportunidades de los niños para desarrollar habilidades y participar socialmente.

Es crucial que cuidadores, educadores y legisladores reconozcan y aborden estos impactos culturales y sociales en la infancia media. Al fomentar entornos de aprendizaje culturalmente sensibles y promover la inclusión, los niños pueden desarrollar un fuerte sentido de identidad y conexión social. Además, promover el acceso equitativo a recursos y servicios de apoyo puede mitigar los efectos negativos de las disparidades socioeconómicas en el sentido de competencia y pertenencia de los niños.

5. Confusión de identidad versus roles:

- Introducción a la formación de la identidad en la adolescencia:

La formación de la identidad durante la adolescencia es un proceso crítico y complejo que impacta significativamente el desarrollo y el bienestar futuro de una persona. Esta etapa, según Erik Erikson, tiene una importancia crucial en la formación del sentido de identidad y del Yo. El período de la adolescencia se caracteriza por profundos cambios físicos, cognitivos y psicosociales, que culminan en la búsqueda de autonomía y una identidad propia definida. Estos años formativos constituyen una fase de transición en la que las personas se esfuerzan por conciliar sus creencias, valores y aspiraciones personales con las expectativas y roles sociales más amplios. Comprender la dinámica de la formación de la identidad es esencial para comprender los desafíos y las oportunidades que surgen durante este período. A medida que los adolescentes buscan establecer un sentido de identidad coherente y significativo, se enfrentan a cuestiones de propósito, pertenencia y su rol en el mundo. Este proceso a menudo implica exploración, experimentación y, en ocasiones, intensas luchas emocionales mientras gestionan las complejidades de la identidad. Las decisiones que se toman durante esta fase pueden influir profundamente en las relaciones, las elecciones profesionales y la satisfacción general de una persona con la vida.

- Fundamentos teóricos y perspectiva de Erikson:

La adolescencia está marcada por profundas transformaciones cognitivas, emocionales y sociales. A medida que los jóvenes se enfrentan a preguntas sobre su identidad y su lugar en el mundo, resulta esencial explorar los fundamentos teóricos que guían nuestra comprensión de este período crítico. La teoría psicosocial de Erikson postula que los individuos experimentan una serie de crisis psicosociales en distintas etapas del desarrollo. Centrándose en la adolescencia, Erikson propuso la etapa de identidad versus confusión de rol, distinguiéndola como un momento crucial en el que los adolescentes buscan establecer un sentido coherente de sí mismos en medio de las complejidades de las expectativas sociales y las aspiraciones personales. El énfasis de Erikson en la interacción entre el desarrollo psicosocial individual y el contexto sociocultural más amplio subraya la relevancia de su perspectiva para comprender las complejidades de la identidad adolescente. Su perspectiva desafía las tendencias reduccionistas y reconoce la naturaleza multifacética de la construcción de la identidad, reconociendo la potente influencia de la cultura, la familia y las interacciones con los pares en la formación del sentido de sí mismos de un joven. Es más, el concepto de "crisis de identidad" de Erikson resuena profundamente con las experiencias cotidianas de muchos adolescentes, encapsulando la incertidumbre, la exploración y la introspección que caracterizan este período formativo.

- Cambios biológicos y psicológicos durante la adolescencia:

La adolescencia es una etapa del desarrollo caracterizada por profundos cambios biológicos y psicológicos que impactan significativamente la autoestima y la identidad de cada individuo. Biológicamente, la adolescencia marca el inicio de la pubertad, un período definido por la maduración de las características sexuales y la capacidad reproductiva. Esta transformación física es impulsada por cambios hormonales, en particular el aumento repentino en la producción de hormonas sexuales como el estrógeno y la testosterona. Estas fluctuaciones hormonales no solo provocan estirones en el crecimiento físico, sino que también desencadenan cambios emocionales y conductuales a medida que los adolescentes lidian con nuevos impulsos y deseos.

El cerebro adolescente experimenta un desarrollo neurológico sustancial. La corteza prefrontal, responsable de la toma de decisiones, el control de impulsos y el comportamiento social, continúa madurando, lo que conduce a una mejora de las capacidades cognitivas. Sin embargo, el sistema límbico, que regula las emociones y las recompensas, se desarrolla a un ritmo diferente, lo que contribuye a una mayor reactividad emocional y a la susceptibilidad a conductas de riesgo.

Al mismo tiempo, la adolescencia representa un período crítico para el crecimiento psicológico. A medida que las personas lidian con las complejidades de la formación de una identidad, a menudo experimentan conflictos internos y luchas introspectivas. El concepto de crisis de identidad de Erikson reconoce la agitación emocional y la autorreflexión propias de esta fase. Los adolescentes buscan una comprensión coherente de sí mismos, lidiando con preguntas sobre quiénes son, sus valores, aspiraciones y relaciones con los demás. Esta búsqueda de autodescubrimiento puede ser a la vez estimulante y abrumadora, moldeando actitudes y comportamientos a largo plazo.

La interacción entre los cambios biológicos y psicológicos durante la adolescencia es fundamental para comprender cómo se desarrolla la formación de la identidad. La maduración física y la evolución de las capacidades cognitivas sientan las bases para la introspección y la autoexploración. Es en este nexo de transiciones biológicas y psicológicas que los adolescentes emprenden la búsqueda de significado, propósito y un sentido coherente de sí mismos. Por consiguiente, reconocer y comprender estas transformaciones multifacéticas es fundamental para apoyar a los adolescentes en la gestión de las complejidades del desarrollo de la identidad y mitigar los posibles desafíos que puedan surgir.

- Factores que influyen en el desarrollo de la identidad:

El desarrollo de la identidad durante la adolescencia es un proceso complejo influenciado por diversos factores interrelacionados. Esta etapa crucial en la vida de una persona se caracteriza por un enfoque intensificado en el autodescubrimiento y la exploración de la propia identidad, abarcando aspectos como valores, creencias, metas y aspiraciones. Comprender las múltiples influencias en este proceso de desarrollo es crucial para que educadores, padres y profesionales de la salud mental puedan apoyar eficazmente a los adolescentes durante este período transformador. Varios factores clave contribuyen a la formación de la identidad en la adolescencia. En primer lugar, la dinámica familiar y las relaciones parentales desempeñan un papel importante en la formación del sentido de identidad del adolescente. La calidad de la crianza, el nivel de participación parental y la naturaleza de la comunicación entre padres e hijos influyen en la formación de la identidad. Además, las interacciones con los pares y las experiencias sociales tienen una influencia considerable en el desarrollo de la identidad del adolescente. Los adolescentes a menudo buscan la aceptación y la validación de sus grupos de iguales, lo que moldea sus percepciones de autoestima e identidad. Asimismo, las normas culturales y sociales, incluidos los roles de género, el nivel socioeconómico y las tradiciones culturales, influyen considerablemente en cómo los adolescentes se perciben a sí mismos y construyen sus identidades. Estas influencias externas se entrecruzan con los procesos psicológicos internos del adolescente, incluyendo el desarrollo cognitivo y emocional, el autoconcepto y la autoestima. La creciente demanda de autonomía y toma de decisiones también contribuye a la complejidad de la formación de la identidad, ya que los adolescentes logran el equilibrio entre la independencia y la conformidad con las expectativas sociales. Además, las tecnologías digitales contemporáneas y las plataformas de redes sociales han surgido como fuerzas influyentes en la formación de la identidad adolescente, presentando tanto oportunidades como desafíos. La naturaleza omnipresente de las redes sociales puede influir considerablemente en la autopercepción, la imagen corporal y la comparación social, contribuyendo a la estructura del desarrollo de la identidad. Comprender estas influencias multifacéticas es fundamental para facilitar el desarrollo saludable de la identidad en los adolescentes. Los profesionales de la salud mental y los educadores deben fomentar entornos de apoyo que validen las diversas experiencias y perspectivas de los adolescentes, al tiempo que los empoderan para gestionar las complejidades de la construcción de la identidad.

- El papel de las relaciones sociales y los contextos culturales:

La adolescencia es un período crítico marcado por la exploración y el desarrollo de la propia identidad, la cual se ve significativamente influenciada por las relaciones sociales y los contextos culturales. Las interacciones con la familia, los pares y las normas sociales desempeñan un papel fundamental en la formación de la identidad individual.

Las relaciones sociales, en particular dentro del núcleo familiar, sientan las bases para que los adolescentes desarrollen su identidad. La dinámica familiar, incluyendo el apoyo parental, los patrones de comunicación y las expectativas familiares, influyen considerablemente en el autoconcepto del adolescente y en su comprensión de su lugar en el mundo. Las interacciones positivas, los entornos enriquecedores y los modelos de apoyo dentro de la familia contribuyen a un sano sentido de identidad, mientras que las relaciones disfuncionales o tensas pueden obstaculizar el proceso, generando confusión e inseguridad.

Las relaciones entre iguales tienen una influencia significativa en los adolescentes, quienes buscan aceptación, pertenencia y validación fuera del ámbito familiar. Los grupos de iguales sirven como plataformas para la experimentación, la solidaridad y la expresión de la identidad. La influencia de los iguales puede fortalecer la confianza del adolescente o provocar crisis de identidad, dependiendo de la naturaleza de las interacciones y los valores que se fortalezcan en estas asociaciones. Además, la exposición a diversos trasfondos culturales y sistemas de creencias a través de las interacciones con iguales amplía la perspectiva del adolescente, retándolo a reconciliar su identidad en un contexto social más amplio.

Los contextos culturales, que comprenden las normas, tradiciones y valores sociales, constituyen el contexto en el que los adolescentes construyen y negocian sus identidades. Las expectativas y estereotipos culturales prevalecientes en la comunidad moldean la autopercepción y las aspiraciones de los adolescentes. El choque entre las prácticas culturales tradicionales y las influencias contemporáneas a menudo presenta a los adolescentes enormes desafíos para alinear sus inclinaciones personales con las expectativas sociales, lo que genera conflictos internos y dificultades para afirmar su individualidad dentro del marco cultural.

La interacción entre las relaciones sociales y los contextos culturales subraya la naturaleza del desarrollo de la identidad durante la adolescencia. Los adolescentes deben gestionar diversas influencias mientras forjan sus identidades únicas. Comprender y abordar el impacto de las relaciones sociales y los contextos culturales es crucial para brindar la orientación y el apoyo necesarios que faciliten la búsqueda de un sentido de identidad cohesivo y auténtico.

- Desafíos y obstáculos para lograr una identidad estable:

La adolescencia es un período crucial marcado por el tumultuoso camino hacia la formación de la identidad. Uno de los obstáculos fundamentales que enfrentan los adolescentes es el conflicto interno entre su autopercepción en evolución y las expectativas sociales. La presión para adaptarse a las normas culturales y la influencia de sus pares a menudo provoca confusión e inseguridad, lo que exacerba la dificultad de establecer un sentido coherente de sí mismos. Además, la exploración de diferentes roles y posibles yoes puede generar una profunda incertidumbre a medida que los adolescentes se enfrentan a la pregunta "¿Quién soy?". Además, los rápidos cambios físicos, emocionales y cognitivos que experimentan durante esta etapa contribuyen a una mayor vulnerabilidad a las crisis de identidad. La naturaleza abrumadora de estas transformaciones puede volver a los adolescentes susceptibles a la ansiedad, la depresión y los sentimientos de alienación. Asimismo, la proliferación de la tecnología y las redes sociales ha introducido desafíos sin precedentes en la formación de la identidad, fomentando estándares poco realistas y representaciones distorsionadas que perpetúan la comparación y erosionan el autoconcepto auténtico. La influencia generalizada de factores externos, como las disparidades socioeconómicas y la marginación cultural, agrava aún más las dificultades para forjar una identidad estable. Los adolescentes de entornos desfavorecidos a menudo se enfrentan a barreras sistémicas que les impiden acceder a recursos esenciales para la exploración de su identidad, lo que puede provocar una mayor desilusión y falta de orientación. La interseccionalidad de las identidades, como la raza, el género y la orientación sexual, también introduce complejidades únicas que pueden intensificar la lucha por la autodefinición. Estas dinámicas interrelacionadas pueden generar profundos conflictos y experiencias discriminatorias, lo que amplifica los desafíos de la formación de la identidad entre las poblaciones adolescentes marginadas. Reconocer y abordar estos desafíos multifacéticos es fundamental para fomentar un entorno propicio que facilite el desarrollo saludable de la identidad.

- Estrategias de apoyo a adolescentes en crisis:

A medida que los adolescentes se enfrentan a diversos desafíos que pueden conducir a la confusión o crisis de identidad, es fundamental que los cuidadores, educadores y profesionales de la salud mental cuenten con estrategias eficaces para brindar apoyo y orientación. Reconociendo la complejidad de esta etapa del desarrollo, es crucial abordar la intervención en crisis con sensibilidad y empatía. Una estrategia clave consiste en crear un entorno seguro y sin prejuicios para que los adolescentes expresen sus pensamientos y emociones abiertamente. La escucha activa y la validación de sus experiencias pueden fomentar la confianza y la compenetración, facilitando la exploración de sus inquietudes relacionadas con la identidad. Además, incorporar oportunidades de autorreflexión e introspección mediante actividades terapéuticas como el registro diario, la arteterapia o ejercicios guiados de atención plena puede empoderar a los adolescentes para procesar sus sentimientos y comprender mejor su identidad en desarrollo. Asimismo, los enfoques colaborativos de resolución de problemas que involucran al adolescente, su familia y los sistemas de apoyo pertinentes pueden promover una comprensión holística de los desafíos actuales y potenciar el desarrollo de habilidades de afrontamiento adaptativo. Brindar psicoeducación tanto a los adolescentes como a sus redes de apoyo sobre las dificultades comunes de identidad y los mecanismos de afrontamiento saludables puede validar sus experiencias, a la vez que les proporciona conocimientos y herramientas valiosos para gestionar las dificultades. Los programas de mentoría y los grupos de apoyo entre pares también ofrecen oportunidades para que los adolescentes conecten con modelos a seguir positivos y compañeros que comparten experiencias similares, fomentando un sentido de pertenencia y validación. Además, integrar prácticas culturalmente sensibles que honren la diversidad de experiencias, antecedentes y creencias de los adolescentes es fundamental para abordar eficazmente las crisis de identidad en diferentes contextos culturales. Por último, la intervención profesional mediante terapia o evaluación psicológica puede ser beneficiosa para los adolescentes que enfrentan un malestar grave relacionado con la identidad y puede proporcionar intervenciones personalizadas para promover la resiliencia y la autocomprensión.

- Comparación con etapas anteriores:

En comparación con las etapas anteriores del desarrollo psicosocial, en particular la laboriosidad versus la inferioridad en la infancia media, y la iniciativa versus la culpa en la primera infancia, la etapa de identidad versus confusión de roles presenta desafíos y oportunidades de crecimiento distintivos. A diferencia del énfasis en el desarrollo de la maestría y la competencia en las etapas anteriores, la adolescencia es una etapa marcada por una mayor autoconciencia y la influencia de los compañeros.

Un contraste notable entre las primeras etapas de la vida y la adolescencia reside en el papel cada vez más importante de las relaciones sociales y las interacciones con los pares. Mientras que los niños pequeños buscan principalmente la validación y el reconocimiento de las figuras de autoridad, los adolescentes se preocupan más por ganar aceptación y establecer vínculos estrechos con sus compañeros. Este cambio de enfoque, de la validación externa a la aceptación de los pares, impacta significativamente la forma en que las personas se perciben a sí mismas y construyen sus identidades.

El surgimiento de habilidades cognitivas complejas durante la adolescencia, como lo demuestra la etapa de operaciones formales de Piaget, distingue aún más esta etapa de las anteriores. La capacidad de pensamiento abstracto permite a los adolescentes explorar diversas perspectivas y plantearse cuestiones existenciales, lo que conduce a una introspección más profunda sobre sus valores, creencias y aspiraciones personales. En cambio, el desarrollo cognitivo de los niños más pequeños se centra predominantemente en experiencias concretas y la adquisición de habilidades.

La exploración de roles futuros y la experimentación con diferentes personalidades se convierten en temas centrales en la adolescencia, diferenciándola de los períodos de desarrollo anteriores, donde el enfoque se centraba más en el aprendizaje y el dominio de tareas específicas. El concepto de Erikson de «confusión de roles» encapsula la tensión entre el deseo de establecer una identidad única y el miedo al rechazo o la desaprobación social, lo que pone de relieve la naturaleza de esta etapa.

Además, la integración de la sexualidad emergente y la búsqueda de intimidad distinguen la adolescencia de etapas anteriores. La búsqueda de relaciones románticas y la formación de vínculos íntimos se vuelven fundamentales en la formación de la identidad individual, sentando las bases para la etapa posterior de Erikson: Intimidad versus Aislamiento.

6. Intimidad versus aislamiento:

- Introducción a la adultez joven:

Definida típicamente como el rango de edad entre los 18 y los 40 años, la adultez joven se caracteriza por la búsqueda de la independencia, el establecimiento de la identidad y el inicio de relaciones personales y profesionales a largo plazo. Esta etapa de la vida es de suma importancia, ya que sienta las bases para la trayectoria futura de una persona, influyendo en decisiones vitales cruciales y moldeando el curso general de su existencia.

La adultez temprana marca una etapa en la que las personas se involucran en la educación superior, la formación profesional o el empleo formal, asumiendo responsabilidades y adquiriendo autonomía. Es durante este período que las personas suelen comenzar a formar relaciones íntimas, experiencias que pueden impactar profundamente su bienestar emocional y psicológico. Además, la expansión de las redes sociales y la participación comunitaria se convierten en aspectos vitales para atravesar este período de transición, contribuyendo al sentido de pertenencia y lugar en la sociedad. El esfuerzo por lograr la autosuficiencia financiera y establecer una posición sólida en el mundo es fundamental, impulsando a los jóvenes adultos hacia un mundo de oportunidades y desafíos.

Lidiar con las complejidades de la adultez incipiente implica un delicado equilibrio entre la libertad recién descubierta y el peso de mayores responsabilidades. A medida que evolucionan las aspiraciones y los sueños, los jóvenes adultos también se enfrentan a las expectativas sociales, las influencias familiares y la necesidad de forjar una identidad propia. Esta confluencia de presiones internas y externas a menudo conduce a una mayor introspección, autoevaluación y búsqueda de propósito y dirección. Cabe destacar que las decisiones tomadas y las experiencias vividas durante este período sientan las bases para futuros logros personales y profesionales, lo que subraya el carácter crucial de la adultez joven en la configuración de las trayectorias vitales.

La prevalencia de rápidos cambios sociales, tecnológicos y culturales contribuye aún más a la complejidad de la adultez joven, presentando tanto oportunidades sin precedentes como desafíos imprevistos. El auge de la interconexión digital, la evolución de los roles de género y la transformación de las estructuras familiares influyen en el panorama del desarrollo, moldeando las perspectivas y experiencias de los jóvenes adultos a medida que transitan un mundo en rápida transformación.

Al abordar el tema de la adultez joven, es fundamental reconocer la importancia de esta etapa crucial y los múltiples aspectos que la encierran. Desde la formación de la identidad y el desarrollo de relaciones hasta las aspiraciones académicas y profesionales, el recorrido por esta fase del desarrollo encarna una notable combinación de autodescubrimiento e integración social, sentando las bases para el crecimiento personal, la realización personal y las contribuciones significativas a la comunidad en general.

- Contexto histórico y fundamentos teóricos:

El período de la adultez joven ha experimentado cambios significativos en sus percepciones y expectativas sociales a lo largo de la historia. En las civilizaciones antiguas, las personas pasaban directamente de la adolescencia a las responsabilidades de la edad adulta, como el matrimonio, la familia y el trabajo. Sin embargo, con el avance de la industrialización y las reformas educativas, surgió el concepto de una fase diferenciada para la exploración personal y el desarrollo de la identidad. Este cambio histórico sentó las bases para la comprensión moderna de la adultez joven como un período crítico para el autodescubrimiento y la formación de relaciones.

Los fundamentos teóricos de la adultez joven se remontan a Erik Erikson. Basándose en las etapas psicosexuales de Sigmund Freud, su teoría psicosocial enfatizó la importancia de forjar relaciones íntimas y vínculos duraderos durante esta etapa de la vida. Además, académicos como Daniel Levinson ampliaron el debate al proponer la idea de una «etapa de la vida» dedicada específicamente a explorar relaciones significativas y búsquedas profesionales.

El contexto sociohistórico de la adultez joven no puede pasarse por alto al considerar su impacto en el crecimiento personal y relacional. La evolución de las normas culturales, los roles de género y las expectativas sociales han moldeado continuamente las experiencias de las personas en esta etapa. Por ejemplo, el movimiento feminista y la defensa de los derechos LGBTQ+ han llevado a redefinir las nociones de pareja, intimidad y autonomía, influyendo así en la forma en que los jóvenes adultos perciben y se involucran en las relaciones.

Desde una perspectiva más amplia, los avances tecnológicos y la globalización de las últimas décadas han revolucionado el panorama de las conexiones interpersonales, presentando tanto oportunidades como desafíos para el logro de la intimidad. Las redes sociales, las plataformas de citas en línea y la comunicación virtual han alterado la dinámica del cortejo y la intimidad, lo que ha impulsado un análisis de la intersección entre las interacciones digitales y los vínculos emocionales genuinos.

- La definición de intimidad y aislamiento:

La intimidad y el aislamiento son conceptos fundamentales que moldean la experiencia y el desarrollo del joven adulto. La intimidad, en este contexto, se refiere a la capacidad de forjar vínculos estrechos y significativos con los demás, ya sea en amistades o relaciones románticas. Abarca la apertura emocional, la confianza y una sensación de vulnerabilidad que permite el desarrollo de vínculos profundos. El aislamiento, por otro lado, representa el impedimento para formar tales vínculos, lo que genera sentimientos de soledad, desapego y falta de una conexión humana genuina.

Para comprender mejor las complejidades de la intimidad y el aislamiento, debemos profundizar en las complejidades de las relaciones humanas y los procesos psicológicos que intervienen. La intimidad implica no solo la capacidad de compartirse con los demás, sino también la capacidad de empatizar y comprender las emociones y experiencias de quienes nos rodean. Se trata de respeto mutuo, reciprocidad y la disposición a invertir tiempo y esfuerzo en cultivar los vínculos interpersonales.

El aislamiento, por otro lado, surge cuando las personas tienen dificultades para establecer estas conexiones, a menudo debido a factores como el miedo al rechazo, experiencias traumáticas pasadas o la incapacidad de expresar vulnerabilidades. Esto puede manifestarse como una barrera emocional que dificulta la capacidad de la persona para interactuar auténticamente con los demás e inhibe la formación de relaciones significativas.

Es importante reconocer que la intimidad y el aislamiento no son mutuamente excluyentes, sino que existen en un continuo. Las personas pueden experimentar ambos simultáneamente, experimentando momentos de profunda conexión junto con períodos de profunda alienación. Comprender esta dualidad es crucial para comprender la naturaleza matizada de las relaciones en la juventud.

En la sociedad contemporánea, las definiciones de intimidad y aislamiento han evolucionado junto con los cambios tecnológicos, las normas sociales y las dinámicas culturales. El auge de las redes sociales, por ejemplo, ha ampliado las vías de conexión, a la vez que ha planteado desafíos relacionados con las interacciones superficiales y la disminución de la comunicación presencial. Como resultado, el concepto de intimidad se ha ampliado para abarcar la conectividad digital, lo que plantea nuevas consideraciones para el desarrollo de relaciones significativas.

- Fundamentos psicológicos del desarrollo de la intimidad:

El desarrollo de la intimidad en la adultez temprana está vinculado a diversos fundamentos psicológicos que moldean la capacidad de las personas para formar y mantener relaciones estrechas. La teoría psicosocial de Erik Erikson postula que la etapa de intimidad versus aislamiento, que ocurre aproximadamente durante la adultez temprana, es un período crítico en el que las personas buscan establecer conexiones significativas con los demás, a la vez que gestionan los posibles sentimientos de separación y soledad. Esta etapa está fuertemente influenciada por experiencias previas, particularmente en las áreas de confianza, autonomía e identidad, las cuales sientan las bases para un desarrollo exitoso de la intimidad.

Desde una perspectiva psicoanalítica, el concepto de Sigmund Freud sobre el Yo desempeña un papel fundamental en la comprensión del desarrollo de la intimidad. El Yo, como mediador entre los deseos instintivos del Ello y las limitaciones morales del Superyó, es crucial para la formación de relaciones sanas y equilibradas. Las personas que han resuelto con éxito los conflictos relacionados con el desarrollo de su yo tienen mayor probabilidad de abordar la intimidad con una sensación de seguridad y confianza, mientras que quienes tienen conflictos sin resolver pueden experimentar sentimientos de incompetencia o miedo a la vulnerabilidad emocional.

La teoría del apego, desarrollada por John Bowlby y posteriormente ampliada por Mary Ainsworth, ofrece una valiosa perspectiva sobre los vínculos emocionales que se forman en la primera infancia y cómo estos continúan influyendo en las relaciones íntimas adultas. Los estilos de apego seguro, caracterizados por un entorno de cuidado consistente y receptivo, contribuyen a la capacidad de una persona para confiar, comunicarse y empatizar en las relaciones románticas. Por el contrario, los patrones de apego inseguro, como los apegos ansiosos o evitativos, pueden generar desafíos interpersonales y dificultades para fomentar la intimidad.

Las teorías cognitivas también arrojan luz sobre el desarrollo de la intimidad, en particular sobre cómo las personas se perciben a sí mismas y a los demás en el contexto de las relaciones. Los sesgos cognitivos, los esquemas y las atribuciones influyen en la configuración de las expectativas, interpretaciones y comportamientos dentro de las relaciones íntimas. Por ejemplo, las personas con autopercepciones negativas pueden tener dificultades para creer que merecen amor y cercanía, mientras que quienes tienen una visión demasiado idealizada de sus parejas pueden experimentar desilusión al enfrentarse a conflictos o imperfecciones.

Además, la teoría del aprendizaje social enfatiza el papel del aprendizaje observacional, el refuerzo y el modelado en la adquisición de habilidades y comportamientos relacionales. Los jóvenes adultos a menudo observan e internalizan dinámicas relacionales de su familia, compañeros y medios de comunicación, lo que posteriormente influye en sus enfoques de la intimidad y las estrategias que emplean para construir y mantener relaciones.

- Desafíos y oportunidades en la construcción de relaciones:

A medida que los jóvenes adultos se esfuerzan por establecer vínculos significativos con los demás, se enfrentan a diversas dinámicas interpersonales que moldean sus experiencias. Un desafío importante es encontrar el equilibrio entre la independencia y la interdependencia. Los jóvenes adultos a menudo lidian con la necesidad de afirmar sus identidades individuales y, al mismo tiempo, cultivar relaciones sanas y de apoyo mutuo. Este proceso requiere autoconciencia, habilidades de comunicación efectivas y la capacidad de gestionar deseos y expectativas contradictorias.

La naturaleza cambiante de las carreras profesionales y los esfuerzos educativos en la adultez joven puede plantear desafíos para el desarrollo de relaciones. Con las exigencias de establecer trayectorias profesionales, las personas pueden encontrarse lidiando con limitaciones de tiempo y prioridades contrapuestas. Estas presiones pueden impedir el desarrollo de relaciones profundas y enriquecedoras, y obligar a las personas a tomar decisiones difíciles en su vida personal y profesional.

Otro desafío generalizado surge del impacto de las experiencias pasadas en las relaciones presentes. Las personas pueden cargar con el bagaje emocional de encuentros previos, como dinámicas familiares, amistades o enredos románticos. Gestionar estas influencias requiere introspección, resiliencia emocional y la disposición a abordar asuntos pendientes que puedan obstaculizar el desarrollo de vínculos saludables.

Por el contrario, en medio de estos desafíos se encuentran numerosas oportunidades de crecimiento y realización. El desarrollo de relaciones en la adultez joven proporciona una plataforma para que las personas mejoren su empatía, inteligencia emocional y capacidad de intimidad. Al participar en interacciones abiertas y auténticas, los jóvenes adultos pueden cultivar una comprensión más profunda de sí mismos y de los demás, fomentando la resiliencia y la adaptabilidad ante las complejidades relacionales.

Además, la diversidad de conexiones sociales en la adultez joven ofrece oportunidades para ampliar la visión del mundo y cultivar experiencias enriquecedoras. Los encuentros con personas de diversos orígenes y culturas ofrecen un terreno fértil para el aprendizaje, la comprensión intercultural y la apreciación de diversas perspectivas. Estas interacciones no solo amplían horizontes, sino que también fomentan la inclusión, la tolerancia y la interconexión.

La era digital ha traído consigo nuevas posibilidades para construir relaciones, ofreciendo plataformas para conectar con otros a través de fronteras geográficas. La llegada de las redes sociales y las comunidades en línea ha redefinido las nociones tradicionales de interacción interpersonal, presentando vías únicas para forjar y mantener relaciones. Sin embargo, este panorama digital también conlleva sus propios desafíos, como la gestión de identidades virtuales, la difuminación de los límites entre lo público y lo privado, y la posibilidad de malentendidos y falta de comunicación.

En definitiva, explorar el terreno de la construcción de relaciones en la adultez joven implica aceptar la dualidad de desafíos y oportunidades. Requiere introspección, autodescubrimiento y apertura para forjar conexiones que fomenten el crecimiento personal y el apoyo mutuo. Al reconocer y abordar los desafíos y aprovechar las oportunidades, los jóvenes adultos pueden sentar las bases para relaciones resilientes y gratificantes que contribuyan a su bienestar general y satisfacción vital.

- El papel de la cultura y la sociedad en la configuración de las relaciones:

Las normas, valores y tradiciones culturales a las que están expuestas las personas pueden influir significativamente en sus actitudes hacia la intimidad, el compromiso y las interacciones interpersonales. Las expectativas sociales sobre los roles de género, el matrimonio y las obligaciones familiares también tienen un profundo impacto en la formación y el mantenimiento de las relaciones. En muchas culturas, los matrimonios concertados, las estructuras familiares extensas y los procesos de toma de decisiones comunitarios siguen moldeando la trayectoria de la vida romántica y social de las personas. Comprender y relacionarse con estas dinámicas culturales es esencial para comprender las complejidades de la construcción de relaciones en la adultez temprana. Además, el nivel de colectivismo o individualismo predominante en una sociedad puede moldear la naturaleza de las relaciones. Las culturas que priorizan el colectivismo suelen enfatizar la interconexión de los individuos dentro de una comunidad, lo que lleva a un enfoque en mantener la armonía grupal y satisfacer las necesidades colectivas. Por el contrario, las sociedades que defienden el individualismo pueden priorizar la autonomía personal y la autoexpresión, lo que influye en las expectativas y la dinámica de las relaciones íntimas. Asimismo, las actitudes culturales hacia la comunicación, la expresión emocional y la resolución de conflictos pueden afectar significativamente la calidad y la longevidad de las relaciones. Por ejemplo, algunas culturas pueden priorizar la comunicación indirecta y las señales no verbales, mientras que otras pueden valorar los intercambios verbales directos y explícitos. Estos diferentes estilos de comunicación pueden fomentar tanto malentendidos como conexiones más profundas dentro de las relaciones. Además, los cambios sociales impulsados por la globalización, la inmigración y los avances tecnológicos han contribuido a la evolución de la dinámica relacional. A medida que las personas atraviesan entornos multiculturales y se encuentran con diversos sistemas de creencias, se ven inherentemente expuestas a diversas normas y prácticas relacionales. La creciente interconexión facilitada por la tecnología ha redefinido los límites y las posibilidades de formar y mantener relaciones. Las redes sociales, las aplicaciones de citas y las comunidades virtuales han ampliado las vías a través de las cuales las personas se conectan e interactúan, presentando tanto oportunidades como desafíos para negociar la intimidad en la era digital.

- El impacto de la tecnología en la intimidad moderna:

En la era digital, la tecnología ha transformado significativamente el panorama de las interacciones humanas, incluyendo la intimidad y las relaciones. La omnipresencia de las plataformas de redes sociales, las aplicaciones de citas y las herramientas de comunicación virtual ha facilitado y complicado a la vez la forma en que las personas forman y mantienen conexiones íntimas. Un impacto notable de la tecnología en la intimidad moderna es la expansión de las oportunidades para conocer parejas potenciales. Las aplicaciones de citas y los servicios de emparejamiento en línea ofrecen una amplia gama de candidatos, trascendiendo las fronteras geográficas y diversificando el mercado de citas. Sin embargo, esta abundancia de opciones también presenta desafíos, ya que las personas pueden experimentar parálisis de decisión o tener dificultades para establecer conexiones significativas en interacciones superficiales. Además, el fenómeno de la "tecnoferencia", en el que la tecnología interrumpe las interacciones cara a cara, ha suscitado preocupación por la erosión de la intimidad genuina. Las parejas pueden distraerse con las pantallas, lo que reduce la sintonía emocional y la satisfacción relacional. Asimismo, la prevalencia de la comunicación digital ha redefinido la noción de presencia en las relaciones. Las interacciones virtuales pueden proporcionar una conexión continua a distancia, pero también pueden generar sentimientos de desconexión en comparación con la comunicación en persona. Además, la representación de vidas idealizadas en las redes sociales puede generar comparación e inseguridad, lo que afecta la autoestima y la dinámica relacional de las personas. A medida que la tecnología avanza, la integración de la realidad aumentada, la realidad virtual y la inteligencia artificial en los contextos relacionales introduce posibilidades y consideraciones éticas sin precedentes. Si bien estas innovaciones ofrecen el potencial de mejorar las experiencias compartidas y mitigar las distancias físicas, también plantean interrogantes sobre la autenticidad y la privacidad. Comprender el impacto de la tecnología en la intimidad moderna requiere explorar la intersección entre las herramientas digitales y las necesidades humanas fundamentales de cercanía, confianza y vulnerabilidad.

- Implicaciones para el desarrollo personal y social:

Al profundizar en las implicaciones de la etapa de Erikson de Intimidad versus Aislamiento, se hace evidente que el desarrollo personal y social durante la adultez temprana desempeña un papel fundamental en la configuración de las trayectorias individuales y las dinámicas sociales. Superar con éxito esta etapa no solo influye en la capacidad del individuo para forjar relaciones significativas, sino que también contribuye al bienestar y la cohesión de la comunidad en general. Una implicación significativa es el fomento de la inteligencia emocional y la empatía, componentes esenciales para mantener relaciones saludables y contribuir positivamente al entorno social. Además, la capacidad de gestionar la intimidad y el aislamiento impacta en la salud mental y el bienestar general del individuo. Quienes experimentan dificultades para establecer vínculos genuinos pueden experimentar una mayor sensación de soledad y alienación, lo que subraya la necesidad crucial de estructuras e intervenciones sociales de apoyo, tanto a nivel personal como social. Reconocer las implicaciones de esta etapa del desarrollo puede orientar a los responsables políticos, educadores y profesionales de la salud mental en la elaboración de intervenciones y sistemas de apoyo específicos para abordar las necesidades relacionales de los adultos jóvenes. Además, comprender la intersección del desarrollo personal y social puede orientar el diseño de currículos educativos que enfatizan las habilidades para el desarrollo de relaciones, las estrategias de comunicación y las técnicas de resolución de conflictos, mejorando así las competencias sociales en la población más joven. En un contexto más amplio, reconocer las implicaciones de la intimidad frente al aislamiento arroja luz sobre la interconexión de las experiencias individuales y la armonía social, destacando la importancia de las políticas sociales inclusivas y las iniciativas comunitarias que promueven una cultura de aceptación, comprensión y colaboración. Al reconocer y abordar las implicaciones de esta etapa del desarrollo, podemos contribuir a la formación de individuos resilientes, empáticos y socialmente comprometidos, capacitados para construir y mantener relaciones significativas, fomentando una sociedad más interconectada y armoniosa.

7. Generatividad versus estancamiento:

- Introducción a la edad adulta media:

La adultez media, generalmente definida como la etapa que abarca aproximadamente entre los 40 y los 65 años, se caracteriza por importantes transformaciones psicológicas y complejas influencias socioculturales que moldean el desarrollo personal y las contribuciones a la sociedad. Comprender la adultez media requiere una exploración matizada de la interacción entre los cambios biológicos, cognitivos y psicosociales que ocurren durante este período de la vida. Desde una perspectiva psicológica, la adultez media representa un período de reflexión, evaluación y adaptación en respuesta a las cambiantes demandas y responsabilidades de la familia, la carrera profesional y la participación comunitaria. Esta etapa marca una transición del idealismo juvenil de la adultez temprana a la sabiduría contemplativa de la vida adulta posterior, desafiando a las personas a conciliar las aspiraciones personales con las expectativas sociales. Además, es durante la adultez media que las personas a menudo se enfrentan a preguntas existenciales relacionadas con su propósito, logros y legado. Este período representa un momento oportuno para que las personas redefinan sus identidades y refinen sus prioridades, influyendo así en la trayectoria de sus vidas y las de quienes las rodean. Al profundizar en la naturaleza multifacética de la adultez media, se hace evidente que esta etapa abarca diversas experiencias y perspectivas, condicionadas por factores culturales, socioeconómicos y ambientales. Por consiguiente, una comprensión integral de la adultez media requiere reconocer la complejidad y variabilidad inherentes a esta etapa de la vida. Para establecer un marco que permita comprender las complejidades de la adultez media, debemos considerar la convergencia del envejecimiento biológico, la maduración cognitiva y los roles sociales en el contexto más amplio del desarrollo humano. Este enfoque holístico no solo reconoce los desafíos y oportunidades únicos que presenta la adultez media, sino que también subraya su importancia como un período transformador en la trayectoria de la existencia humana.

- La definición de generatividad y su importancia:

La generatividad, tal como la conceptualizó Erik Erikson, se caracteriza por el deseo de nutrir y guiar a la siguiente generación. Esta etapa marca un cambio crucial en las prioridades, en el que las personas buscan dejar un impacto duradero en la sociedad mediante sus contribuciones e influencia. En esencia, la generatividad abarca no solo el acto de procreación, sino también el sentido más amplio de creatividad, productividad y cuidado de los demás más allá de la familia inmediata.

La importancia de la generatividad reside en su potencial para fomentar un sentido de plenitud y propósito, permitiendo a las personas trascender sus intereses personales e invertir en redes sociales más amplias. Al adoptar acciones generativas, como la mentoría, la filantropía o la participación comunitaria, las personas pueden cultivar un sentido de continuidad y conexión, consolidando así su legado. Además, la generatividad ofrece una vía para la autorreflexión y el crecimiento psicológico, permitiendo a las personas encontrar significado en sus experiencias y relaciones.

En la sociedad contemporánea, la importancia de la generatividad trasciende las nociones tradicionales de paternidad y maternidad, abarcando diversas formas de altruismo, defensa de los derechos y liderazgo. A medida que las personas lidian con las complejidades de la mediana edad, la búsqueda de la generatividad ofrece una vía para una participación significativa en la construcción del futuro, tanto dentro de su esfera de influencia inmediata como dentro de las estructuras sociales más amplias. Además, sirve como catalizador para el entendimiento intergeneracional, fomentando un intercambio recíproco de sabiduría y apoyo entre diferentes grupos de edad.

La generatividad se manifiesta en diversos ámbitos de la vida, como las actividades profesionales, el compromiso cívico y las iniciativas culturales. A través de sus roles profesionales, las personas tienen la oportunidad de impartir conocimientos, guiar a talentos emergentes y contribuir al desarrollo de sus respectivos campos. Simultáneamente, la participación en iniciativas filantrópicas o actividades de voluntariado permite materializar los impulsos generativos, promoviendo el bienestar comunitario y la cohesión social. Este enfoque multifacético subraya la versatilidad y la relevancia de la generatividad para abordar las necesidades sociales contemporáneas.

En definitiva, abrazar la generatividad empodera a las personas para trascender los logros efímeros e invertir en proyectos duraderos que se extienden más allá de su vida inmediata. Al reconocer el valor intrínseco de nutrir a las generaciones futuras y enriquecer los recursos comunitarios, las personas en la mediana edad pueden cultivar un sentido de propósito y plenitud que trasciende las fronteras temporales e interpersonales.

- El estancamiento desde una perspectiva psicológica:

El estancamiento, en el contexto de la teoría del desarrollo psicosocial de Erikson, se refiere a un estado en el que las personas sienten una falta de progreso o crecimiento en sus vidas. Desde una perspectiva psicológica, el estancamiento puede manifestarse como sentimientos de insatisfacción, desconexión y una sensación de estar estancado en la vida. Es fundamental reconocer que el estancamiento no es un simple revés temporal, sino una experiencia emocional y cognitiva compleja que puede tener profundas implicaciones para el bienestar y la satisfacción vital general de una persona. El concepto de estancamiento está estrechamente vinculado al ámbito más amplio de la salud mental y el bienestar, ya que los sentimientos persistentes de estancamiento pueden conducir a consecuencias negativas como depresión, ansiedad y un malestar general. Los psicólogos y los profesionales de la salud mental enfatizan la importancia de comprender el estancamiento como un fenómeno multidimensional, influenciado por diversos factores personales, sociales y ambientales. Esto incluye explorar la intersección entre las aspiraciones individuales, las expectativas sociales y la capacidad de crecimiento significativo y autorrealización. Además, explorar las bases psicológicas del estancamiento implica profundizar en cuestiones relacionadas con la autoestima, la formación de la identidad y la capacidad para gestionar transiciones vitales significativas. Asimismo, examinar el impacto de factores externos como la inestabilidad económica, la desigualdad social y las normas culturales es crucial para desarrollar una comprensión integral del estancamiento. También es esencial considerar cómo el estancamiento puede afectar diferentes ámbitos de la vida de una persona, como las relaciones, la carrera profesional y el desarrollo personal.

- El equilibrio entre el crecimiento personal y las contribuciones sociales:

Lograr un equilibrio armonioso entre el crecimiento personal y las contribuciones a la sociedad es un desafío crucial para las personas en la adultez media. Este período marca una coyuntura crítica en la que los adultos a menudo lidian con el deseo de alcanzar sus aspiraciones personales y, al mismo tiempo, realizar contribuciones significativas a la comunidad. A medida que avanzan en esta etapa, las personas se esfuerzan por integrar su identidad personal en evolución con las responsabilidades familiares, profesionales y sociales en general.

El crecimiento personal abarca diversas dimensiones, como el desarrollo intelectual, emocional y espiritual. La mediana edad adulta ofrece un momento oportuno para reevaluar las metas de vida, continuar la educación o perfeccionar habilidades, y reflexionar sobre los valores y creencias. Esta exploración introspectiva impulsa la realización personal y un sentido de propósito, fomentando una comprensión más profunda de uno mismo en medio de las complejidades de la vida diaria.

Simultáneamente, las contribuciones sociales implican una participación activa en responsabilidades cívicas, iniciativas filantrópicas y esfuerzos de desarrollo comunitario. Ya sea a través del voluntariado, la mentoría o la defensa de derechos, las personas en la mediana edad buscan generar un impacto duradero que trascienda su entorno inmediato. Al aprovechar su experiencia y conocimientos, se esfuerzan por generar un cambio positivo y dejar un legado duradero para las generaciones futuras.

La búsqueda del crecimiento personal y la contribución a la sociedad no está exenta de desafíos. Las presiones del progreso profesional, la estabilidad financiera y las obligaciones familiares a menudo afectan la capacidad del individuo para dedicarse plenamente al desarrollo personal y al servicio comunitario. Lograr un equilibrio requiere una gestión juiciosa del tiempo, una priorización eficaz y una red de apoyo que reconozca la importancia tanto del bienestar personal como de la responsabilidad social.

Las expectativas culturales y sociales pueden influir en la importancia percibida del crecimiento personal y las contribuciones sociales, añadiendo complejidad a este delicado equilibrio. Los roles de género, las disparidades socioeconómicas y las diferencias generacionales pueden moldear la percepción individual de lo que constituye un crecimiento personal significativo y contribuciones sociales impactantes, lo que requiere un enfoque matizado que respete las diversas perspectivas y experiencias.

En definitiva, la búsqueda del equilibrio entre el crecimiento personal y las contribuciones sociales en la adultez madura tiene profundas implicaciones para el bienestar individual y colectivo. Al acoger la sinergia entre la autorrealización y el compromiso comunitario, las personas pueden fomentar una existencia más rica e interconectada que trasciende las fronteras del Yo. Esta integración les permite llevar una vida con propósito, dejando una huella imborrable en sus familias, comunidades y en el entramado más amplio de la experiencia humana.

- Dinámica familiar y construcción de legados:

En la mediana edad, las personas a menudo se encuentran en la intersección de numerosas responsabilidades y obligaciones familiares. El concepto de generatividad, propuesto por Erik Erikson, enfatiza el deseo de contribuir al bienestar de las generaciones futuras. En el contexto de la dinámica familiar, esto a menudo se traduce en la crianza y el apoyo a los hijos, así como en la orientación brindada a los miembros más jóvenes de la familia. Además, el concepto de construcción de un legado implica la transmisión de valores, tradiciones y sabiduría a la siguiente generación.

La influencia de la dinámica familiar en la generatividad y el estancamiento puede manifestarse de diversas maneras. Por ejemplo, las personas con entornos familiares que brindan apoyo y cuidado pueden sentirse empoderadas y motivadas para participar activamente en actividades generativas. Por el contrario, quienes enfrentan desafíos o conflictos familiares pueden experimentar una mayor sensación de estancamiento, ya que las luchas internas les impiden concentrarse en contribuir al bien común. Además, la transición de ser cuidado por generaciones anteriores a asumir roles de cuidado de padres ancianos puede afectar significativamente el sentido de generatividad.

La construcción de un legado, en el contexto familiar, va más allá de la riqueza material o las posesiones. Abarca la herencia emocional y psicológica que las personas transmiten a sus hijos y nietos. Esto puede incluir el fomento de la resiliencia, la inculcación de valores morales y el fomento de un fuerte sentido de identidad y pertenencia. Las narrativas, tradiciones y rituales familiares también contribuyen a la creación de un legado multifacético que trasciende generaciones.

Abordar los conflictos intergeneracionales y superar las brechas de comunicación es fundamental para fomentar la generatividad en la dinámica familiar. El diálogo abierto, la comprensión y la empatía son componentes esenciales para gestionar relaciones complejas y descubrir vías para la expresión generativa. La construcción exitosa de un legado implica crear un entorno familiar enriquecedor que fomente el crecimiento personal, el autodescubrimiento y el desarrollo de un impacto intergeneracional positivo.

Las familias son la cuna de la generatividad, donde los individuos aprenden a asumir su rol como contribuidores, mentores y guardianes de las tradiciones. Comprender la importancia de la dinámica familiar y la construcción de un legado es fundamental para comprender la interacción entre el desarrollo personal y las contribuciones sociales durante la adultez media.

- Influencias de la carrera en la generatividad y el estancamiento:

La trayectoria profesional de una persona puede influir profundamente en su sentido de generatividad o estancamiento durante esta etapa de la vida. El concepto de generatividad abarca el deseo de contribuir a las generaciones futuras, dejar un legado significativo y dejar un impacto duradero en la sociedad. Por el contrario, el estancamiento refleja una sensación de desilusión y falta de crecimiento, a menudo derivada de aspiraciones y metas profesionales incumplidas.

Las decisiones profesionales en la mediana edad no solo moldean la trayectoria profesional, sino que también desempeñan un papel fundamental en la realización personal y el sentido de propósito. Cuando las personas se encuentran en carreras que se alinean con sus valores y pasiones, tienen más probabilidades de experimentar un profundo sentido de generatividad. Esto podría manifestarse a través de la mentoría, compartiendo conocimientos y experiencia con colegas más jóvenes o realizando contribuciones significativas en su ámbito profesional que vayan más allá del beneficio personal.

Por el contrario, las personas que se sienten atrapadas en trayectorias profesionales insatisfactorias o estancadas pueden tener dificultades para cultivar un sentido de generatividad. Estos sentimientos de estancamiento pueden provocar falta de motivación, desconexión laboral y una disminución del sentido de propósito. Además, la incapacidad para progresar profesionalmente o alcanzar el máximo potencial puede obstaculizar el desarrollo de rasgos generativos, lo que en última instancia impide que la persona deje un impacto positivo y duradero en las generaciones futuras.

Es fundamental reconocer que la influencia de la carrera profesional en la generatividad y el estancamiento está interconectada con diversos factores externos, como las expectativas sociales, las limitaciones económicas y el entorno laboral. Por ejemplo, a las personas que enfrentan presiones financieras o entornos laborales exigentes les puede resultar difícil priorizar las actividades generativas por encima de la satisfacción de las necesidades y demandas inmediatas. Además, el edadismo y la discriminación generalizados en el ámbito laboral pueden minar las oportunidades de las personas de mediana edad para emprender nuevas trayectorias profesionales o participar en actividades generativas.

Abordar estos desafíos requiere un enfoque holístico que considere tanto las aspiraciones individuales como las barreras sistémicas. Fomentar las transiciones profesionales en la mediana edad, fomentar entornos laborales que valoren la diversidad de contribuciones en las diferentes etapas profesionales y brindar apoyo para la capacitación y el desarrollo de habilidades puede contribuir a promover la generatividad y mitigar el estancamiento. Al reconocer el impacto de las elecciones profesionales en la generatividad y el estancamiento en la adultez media, podemos comprender mejor la compleja interacción entre las aspiraciones individuales, las estructuras sociales y el bienestar psicológico durante esta etapa crucial de la vida.

- Participación comunitaria y responsabilidad social:

La participación comunitaria abarca un amplio espectro de actividades, como el voluntariado, la defensa de causas locales, la participación en eventos comunitarios y el apoyo a iniciativas que benefician a la localidad. Al participar activamente en iniciativas comunitarias, las personas en la mediana edad pueden contribuir positivamente al bienestar de su entorno, fomentando un sentido de pertenencia y propósito más allá de las esferas personal y profesional. Además, esta participación permite a las personas conectar con diversos grupos, fomentando la empatía y la comprensión de las diversas necesidades y desafíos sociales.

Simultáneamente, la mediana edad es un período crucial para asumir la responsabilidad social. A medida que las personas lidian con las complejidades de sus compromisos profesionales y familiares, asumir la responsabilidad social implica reconocer su papel en la promoción de comportamientos éticos y sostenibles dentro de la comunidad. Esto puede incluir la gestión ambiental, prácticas empresariales éticas o programas de mentoría destinados a guiar a las generaciones más jóvenes hacia una ciudadanía responsable.

La mediana edad ofrece una perspectiva privilegiada para influir en las generaciones futuras. Participar en actividades comunitarias y defender causas sociales sirve como un ejemplo poderoso para los jóvenes, inculcando los valores del altruismo, la compasión y el deber cívico. Al demostrar una participación activa y transmitir la importancia de la responsabilidad social, las personas en la mediana edad pueden inspirar un cambio positivo, moldeando la mentalidad de las futuras generaciones hacia una sociedad más interconectada y consciente.

La participación comunitaria y la responsabilidad social se han vinculado a un mayor bienestar psicológico y una mayor satisfacción general en la adultez media. Estudios han demostrado que las personas que participan en actividades comunitarias significativas presentan niveles más bajos de estrés, una mejor salud mental y una mayor autoestima. Además, la gratificación derivada de un impacto positivo en la comunidad puede aliviar la sensación de estancamiento y reforzar las contribuciones generativas, lo que genera un mayor sentido de propósito y plenitud.

En la sociedad contemporánea, el panorama digital ha ampliado las vías para la participación comunitaria y la responsabilidad social. Las plataformas en línea ofrecen oportunidades de voluntariado virtual, recaudación de fondos para causas benéficas y campañas de concienciación que trascienden las fronteras geográficas. Adoptar estas herramientas digitales facilita una mayor participación en las iniciativas de desarrollo comunitario, permitiendo a las personas cultivar conexiones significativas y ampliar su impacto social.

- Desafíos y resoluciones en la edad adulta media:

Gestionar las complejidades de la mediana edad presenta a las personas una gran cantidad de desafíos, tanto personales como sociales. Uno de los principales es el delicado equilibrio entre la carrera profesional y las responsabilidades familiares. Muchas personas en esta etapa de la vida a menudo se ven obligadas a compaginar las exigencias de progresar en sus carreras profesionales con el sustento de sus familias y un equilibrio saludable entre la vida laboral y personal. Esto suele generar estrés, presión y, en ocasiones, insatisfacción. Además, la mediana edad trae consigo cambios físicos y problemas de salud que pueden requerir ajustes necesarios en el estilo de vida para garantizar su bienestar general. La dificultad para adaptarse a estos cambios puede afectar significativamente la estabilidad mental y emocional. Además, esta etapa también es testigo del fenómeno del "síndrome del nido vacío" cuando los hijos se van del hogar, lo que genera un cambio emocional y la necesidad de redefinir la identidad y el propósito de la vida más allá del rol de padre o madre. En un nivel social más amplio, las personas en la mediana edad pueden enfrentar desafíos relacionados con las presiones económicas, ya que se esfuerzan por ahorrar para la jubilación y, potencialmente, apoyar a sus padres mayores. Estas responsabilidades financieras pueden agravar aún más el estrés y la ansiedad que se experimentan durante esta etapa de la vida. Sin embargo, a pesar de estos desafíos, la adultez media ofrece oportunidades de crecimiento, plenitud y resolución. Desarrollar la resiliencia y buscar el apoyo de las redes sociales son estrategias clave para superar estos obstáculos. Adoptar una perspectiva positiva sobre el envejecimiento y las transiciones, centrándose en el desarrollo personal y el autocuidado, puede ayudar a gestionar los desafíos inherentes a la adultez media. Buscar orientación profesional, realizar actividad física con regularidad y cultivar relaciones significativas puede contribuir al bienestar general. Encontrar un propósito más allá de los roles parentales y profesionales puede conducir a una renovada sensación de identidad y plenitud. A medida que las personas se acercan a la adultez tardía, se vuelve crucial reconocer y planificar la transición inminente. Al prepararse proactivamente para la siguiente etapa, las personas pueden mitigar los posibles sentimientos de desesperación y encontrar valor y significado en sus experiencias vitales acumuladas. Abordar los desafíos de frente, encontrar redes de apoyo y buscar activamente vías para el crecimiento y la realización personal desempeñan un papel vital para garantizar una transición exitosa a la adultez media.

8. Integridad versus desesperación:

- Introducción a la edad adulta tardía:

La adultez tardía marca una etapa importante en el desarrollo humano, caracterizada por desafíos psicológicos únicos y reflexiones sobre la totalidad de la vida. En esta coyuntura, las personas a menudo lidian con el concepto de integridad versus desesperación, una dicotomía que encapsula las complejas emociones y procesos cognitivos asociados con el envejecimiento.

El concepto de integridad gira en torno a la capacidad del individuo para reconciliarse y aceptar las decisiones, los logros y los reveses experimentados a lo largo de su vida. Abarca un sentido de coherencia y plenitud, que permite a las personas recordar sus vidas con una profunda aceptación de las experiencias que las han moldeado. La integridad impulsa una reflexión más profunda sobre los valores personales, las relaciones y las contribuciones a la sociedad, fomentando una comprensión más clara de su legado.

Por el contrario, la desesperación surge como un formidable adversario en la adultez tardía, desafiando a las personas a afrontar conflictos no resueltos, aspiraciones incumplidas y las limitaciones del envejecimiento. Se manifiesta como una profunda tristeza y un sentimiento generalizado de desesperanza sobre el significado y el valor de la propia existencia. La lucha contra la desesperación puede generar sentimientos de arrepentimiento, amargura y una abrumadora sensación de desconexión consigo mismo y con los demás.

Examinar estas facetas contrastantes de la edad adulta tardía a través de una lente psicológica proporciona información valiosa sobre las crisis existenciales y las complejidades emocionales que muchas personas enfrentan durante esta etapa de la vida.

- La adultez tardía desde una perspectiva psicológica:

La adultez tardía, a menudo caracterizada por personas de 65 años o más, es una etapa crucial en el desarrollo integral de la vida. Desde una perspectiva psicológica, esta fase se caracteriza por cambios cognitivos, emocionales y sociales distintivos que impactan significativamente el bienestar general de la persona. Comprender la adultez tardía implica profundizar en los múltiples aspectos del envejecimiento, incluyendo los cambios fisiológicos, el funcionamiento cognitivo, las relaciones sociales y el ajuste emocional. Los psicólogos y gerontólogos desempeñan un papel fundamental para desentrañar las complejidades de la adultez tardía al examinar factores como la resiliencia, la adaptación y la satisfacción vital. La perspectiva psicológica de la adultez tardía también aborda el concepto de envejecimiento exitoso, que implica adaptarse a los cambios relacionados con la edad, manteniendo al mismo tiempo un sentido de propósito y satisfacción. Además, explorar los aspectos psicológicos de la adultez tardía implica estudiar el impacto de los eventos vitales significativos, los mecanismos de afrontamiento y la interacción entre las experiencias individuales y las influencias sociales. Al comprender integralmente la dinámica psicológica que interviene durante esta etapa de la vida, los profesionales pueden desarrollar intervenciones y sistemas de apoyo personalizados para mejorar el bienestar de las personas mayores. Además de abordar los desafíos, una perspectiva psicológica sobre la adultez tardía también enfatiza el potencial de crecimiento continuo, aprendizaje y contribución a la sociedad. Esta etapa del desarrollo ofrece oportunidades para que las personas reflexionen sobre sus experiencias vitales, transmitan sabiduría a las generaciones más jóvenes y realicen actividades significativas que se alineen con sus valores e intereses personales. A medida que los investigadores continúan investigando las dimensiones psicológicas de la adultez tardía, surge una comprensión más profunda, que arroja luz sobre las diversas experiencias y trayectorias de las personas en esta etapa. Además, reconocer la individualidad y la variabilidad del desarrollo en la adultez tardía fomenta un enfoque más inclusivo y empático para apoyar el bienestar de los adultos mayores.

- El viaje de la vida y el papel de la reflexión:

La vida en la adultez tardía suele caracterizarse por una profunda introspección y reflexión sobre la propia trayectoria vital. Este período ofrece a las personas la oportunidad de reflexionar sobre las experiencias, los logros y los desafíos que han enfrentado a lo largo de su existencia. El papel de la reflexión en la evaluación de la trayectoria vital es fundamental, ya que proporciona una perspectiva significativa a través de la cual las personas pueden evaluar la importancia y el impacto de sus decisiones y acciones. La reflexión permite comprender mejor las lecciones aprendidas, las relaciones cultivadas y las contribuciones realizadas, fomentando un sentido de plenitud y propósito. Además, les permite reconocer y aceptar cualquier conflicto no resuelto o aspiración incumplida, promoviendo así la sanación y el cierre emocional.

La reflexión también facilita el proceso de autodescubrimiento y autoaceptación, animando a las personas a abrazar su identidad y valores. Al examinar los momentos de alegría, tristeza, éxito y resiliencia, las personas están mejor preparadas para apreciar la riqueza y complejidad de sus vidas. Además, la contemplación fomenta una comprensión más profunda de la interconexión entre las experiencias personales y los contextos sociales y culturales más amplios, ofreciendo perspectivas sobre las complejidades de la existencia humana y la naturaleza cambiante de las relaciones y las dinámicas sociales. A través de la reflexión, las personas pueden cultivar un mayor sentido de empatía y compasión, lo que mejora su capacidad para interactuar significativamente con los demás y contribuir positivamente a sus comunidades.

Reflexionar sobre la propia trayectoria vital también puede evocar sentimientos de arrepentimiento, decepción o potencial incumplido. Las personas pueden lidiar con la comprensión de oportunidades perdidas, sueños no realizados o relaciones fracturadas, lo que genera una sensación de nostalgia o añoranza por lo que podría haber sido. La yuxtaposición de la sabiduría adquirida a través de la experiencia y la carga de los arrepentimientos no resueltos subraya el delicado equilibrio inherente a esta etapa de la vida. Gestionar esta interacción requiere una perspectiva matizada, enfatizando la importancia de reconocer tanto los triunfos como las tribulaciones mientras se busca encontrar significado y cierre.

- El equilibrio entre la sabiduría y el arrepentimiento:

A medida que las personas avanzan hacia la adultez tardía, suelen encontrarse en un período de profunda introspección y reflexión. Esta fase se caracteriza por la contemplación de decisiones y acciones pasadas, lo que lleva a una evaluación del impacto que estas han tenido en sus vidas. En el contexto de la teoría psicosocial de Erikson, esta etapa plantea el conflicto entre la integridad y la desesperación, una lucha interna que puede moldear profundamente la perspectiva vital de una persona.

El concepto de sabiduría surge como tema central durante este período. La sabiduría no se limita a acumular conocimientos; también implica la capacidad de aplicar las propias experiencias de forma significativa y constructiva. La adultez tardía ofrece una perspectiva única desde la que las personas pueden contemplar sus vidas en su totalidad, aprovechando las lecciones aprendidas y las perspectivas adquiridas a lo largo de los años. Esta acumulación de sabiduría permite a las personas afrontar los desafíos con mayor perspectiva y resiliencia, fomentando una comprensión más profunda de la experiencia humana.

Por otro lado, el arrepentimiento también puede aflorar como una emoción intensa durante esta fase. Las personas pueden lidiar con la comprensión de las oportunidades perdidas o los caminos no recorridos, lo que genera una profunda sensación de decepción. Si no se aborda, el arrepentimiento puede convertirse en desesperación, lo que dificulta la capacidad de la persona para encontrarle sentido a sus experiencias. Animar a las personas a afrontar y replantear los sentimientos de arrepentimiento es fundamental para fomentar un sentido de cierre y aceptación, lo que en última instancia contribuye al desarrollo de la integridad.

Lograr un equilibrio entre la sabiduría y el arrepentimiento es crucial para gestionar las complejidades de la adultez tardía. Si bien la sabiduría proporciona fortaleza y enriquecimiento, el arrepentimiento puede servir como catalizador para el crecimiento y la transformación personal. Reconocer y asimilar ambos aspectos puede conducir a una evaluación más holística y satisfactoria de la propia vida. Por lo tanto, es imperativo explorar cómo las personas pueden aprovechar la sabiduría adquirida para mitigar el impacto del arrepentimiento, lo que les permite una mayor sensación de plenitud y satisfacción a medida que se acercan a las etapas finales de la vida.

- Factores que influyen en la integridad y la desesperación:

A medida que las personas reflexionan sobre sus vidas durante la adultez tardía, numerosos factores influyen en sus experiencias de integridad y desesperación. Un factor significativo es la calidad y la naturaleza de las relaciones interpersonales pasadas. Las relaciones positivas y gratificantes a lo largo de la vida pueden contribuir a una sensación de plenitud y plenitud, reforzando la integridad. Por el contrario, los conflictos no resueltos, las relaciones distanciadas o la soledad pueden acentuar los sentimientos de desesperación, generando arrepentimiento e insatisfacción existencial.

Además, no se puede pasar por alto el impacto de los logros en la vida y el logro de metas personales. Las personas que han alcanzado sus ambiciones, perseguido sus pasiones y alcanzado un propósito tienen mayor probabilidad de experimentar un sentido de integridad al reflexionar sobre su trayectoria vital. Por otro lado, las aspiraciones incumplidas, el potencial no realizado o los sentimientos persistentes de incompetencia pueden fomentar una sensación de desesperación, eclipsando toda una vida de logros.

La salud física y las capacidades cognitivas desempeñan un papel fundamental en la configuración de las experiencias de la adultez tardía. El deterioro de la salud física, las enfermedades crónicas o los deterioros cognitivos pueden plantear desafíos formidables, que podrían influir en la percepción que una persona tiene de su vida y su sentido de integridad. Afrontar estas adversidades y limitaciones relacionadas con la salud puede influir en el desarrollo de la integridad en la etapa tardía, a medida que las personas se esfuerzan por encontrar el sentido a pesar de las limitaciones impuestas por sus condiciones.

Las actitudes culturales y sociales hacia el envejecimiento y la adultez tardía influyen profundamente en las experiencias de integridad y desesperación. Las culturas que veneran la sabiduría y las experiencias de las personas mayores pueden brindar un entorno propicio para fomentar la integridad, mientras que las sociedades que estigmatizan el envejecimiento pueden contribuir inadvertidamente a sentimientos de desesperación y marginación entre las personas mayores. De igual manera, el acceso a recursos, redes de apoyo social y oportunidades para una participación continua en la comunidad puede afectar significativamente el mantenimiento de la integridad y el riesgo de caer en la desesperación.

Es fundamental reconocer que estos factores no actúan de forma aislada, sino que interactúan de forma intrincada, influyendo en las experiencias matizadas de integridad y desesperación. Al comprender y abordar estos factores multifacéticos, los profesionales de la salud mental y los cuidadores pueden brindar un apoyo significativo a las personas que enfrentan las complejidades de la adultez tardía, fomentando entornos que promuevan la dignidad, la reflexión y la aceptación.

- Desafíos psicosociales en la edad adulta tardía:

La adultez tardía se caracteriza por una multitud de desafíos psicosociales que las personas pueden enfrentar al atravesar esta etapa de la vida. Un desafío importante es la lucha por mantener un sentido de propósito y relevancia ante la jubilación, el deterioro de la salud física y la posible pérdida de seres queridos. Este período a menudo provoca reflexiones sobre el pasado, lo que lleva a la contemplación de logros y arrepentimientos, lo que puede afectar significativamente la integridad personal frente a la desesperación. Además, los adultos mayores pueden lidiar con sentimientos de aislamiento y una menor autonomía debido a limitaciones físicas o cambios en los roles sociales.

A medida que disminuyen las capacidades cognitivas y físicas, las personas mayores pueden experimentar una mayor susceptibilidad a la depresión y la ansiedad, derivadas de la preocupación por su futuro y el miedo a ser una carga para los demás. Además, la prevalencia de enfermedades crónicas y los tratamientos médicos que las acompañan pueden ejercer una presión significativa sobre su bienestar mental. El proceso de adaptación a estos cambios, al tiempo que se equilibra el deseo de independencia con la necesidad de ayuda, puede presentar obstáculos emocionales y psicológicos únicos.

La adultez tardía suele implicar afrontar la pérdida de compañeros, hermanos e incluso cónyuges, lo que culmina en una intensificación de los sentimientos de dolor y soledad. Estas experiencias pueden impulsar a las personas a plantearse preguntas existenciales sobre el sentido de la vida y el legado que desean dejar. También pueden lidiar con la comprensión de su propia mortalidad, lo que puede evocar diversas emociones, como el miedo, la aceptación y la contemplación espiritual.

Las actitudes y estereotipos sociales relacionados con el envejecimiento pueden exacerbar aún más los desafíos psicosociales en la adultez tardía. El edadismo, la discriminación y la marginación en diversos contextos, como la atención médica, el empleo y las representaciones mediáticas, pueden contribuir a sentimientos de devaluación y disminución de la autoestima entre las personas mayores. Estas percepciones negativas pueden obstaculizar su capacidad para participar activamente en la sociedad y obtener satisfacción de las relaciones interpersonales y las actividades significativas.

Gestionar estos desafíos psicosociales a menudo requiere el desarrollo de estrategias de afrontamiento adaptativas y resiliencia. Esto puede implicar buscar apoyo social, participar en actividades con propósito, cultivar nuevas aficiones o intereses y encontrar maneras de contribuir a sus comunidades. Los profesionales de la salud mental desempeñan un papel crucial al brindar apoyo mediante terapia, asesoramiento e intervenciones diseñadas para mejorar las habilidades de afrontamiento, fomentar un sentido de propósito y mitigar la desesperación.

- Enfoques terapéuticos para apoyar el desarrollo en etapas tardías:

En la adultez tardía, las personas suelen enfrentarse a importantes desafíos psicológicos y emocionales al afrontar las complejidades del envejecimiento, la mortalidad y el desarrollo natural de la vida. Los enfoques terapéuticos diseñados para apoyar el desarrollo en etapas tardías desempeñan un papel fundamental en la promoción del bienestar general, la resiliencia y la sensación de plenitud durante esta etapa. Un enfoque terapéutico destacado es la terapia de reminiscencia, que consiste en el recuerdo guiado y la reflexión sobre experiencias, logros y acontecimientos vitales pasados. Al participar en este proceso, las personas tienen la oportunidad de encontrar sentido a su historia de vida, cultivar un sentido de continuidad y alcanzar una mayor coherencia y propósito. Además, la terapia de reminiscencia puede servir como plataforma para que las personas aborden conflictos no resueltos, asuman arrepentimientos del pasado y logren una sensación de cierre. Otro enfoque terapéutico eficaz para el desarrollo en etapas tardías es la terapia de orientación a la realidad, especialmente beneficiosa para personas que experimentan deterioro cognitivo o confusión. Esta técnica consiste en proporcionar señales y recordatorios constantes sobre el tiempo, el lugar y la identidad para ayudar a las personas a mantener una comprensión clara de su entorno y mejorar su funcionamiento cognitivo. La terapia de orientación a la realidad puede infundir una sensación de estabilidad y seguridad, reducir la sensación de desorientación y promover una mayor conexión con el momento presente. Además, la terapia cognitivo-conductual (TCC), adaptada a las circunstancias particulares de la adultez tardía, puede ser fundamental para abordar la ansiedad, la depresión y otros problemas de salud mental que pueden surgir durante esta etapa de la vida. Al identificar y desafiar los patrones de pensamiento negativos y las conductas desadaptativas, la TCC empodera a las personas para desarrollar estrategias de afrontamiento eficaces, desarrollar resiliencia y fomentar una perspectiva más positiva. Asimismo, las intervenciones basadas en la atención plena (mindfulness) pueden ofrecer beneficios sustanciales a las personas mayores al promover una mayor conciencia del momento presente, reducir el estrés y cultivar la aceptación y la autocompasión. Estos enfoques proporcionan herramientas valiosas para gestionar las dimensiones emocionales y existenciales del desarrollo en etapas avanzadas, a la vez que mejoran el bienestar psicológico general. A medida que el campo de la geropsicología continúa evolucionando, los modelos de atención colaborativa interdisciplinaria se reconocen cada vez más como parte integral del abordaje de las complejas necesidades de las personas mayores. Este enfoque implica la coordinación de diversos profesionales de la salud, como psicólogos, trabajadores sociales y médicos, para brindar una atención integral que reconozca la naturaleza multifacética del desarrollo en etapas avanzadas. Mediante intervenciones personalizadas, terapia de apoyo y planes de atención holísticos, los equipos interdisciplinarios pueden abordar eficazmente diversos problemas relacionados con la adultez tardía, como las dificultades de adaptación, el duelo y la pérdida, la planificación del final de la vida y la dinámica familiar. En definitiva, los enfoques terapéuticos adaptados al desarrollo en etapas avanzadas tienen como objetivo optimizar el funcionamiento psicológico, aliviar la angustia y fomentar un sentido de dignidad, autonomía y bienestar emocional a medida que las personas transitan este capítulo final de sus vidas.

- Conclusión - Abrazar la etapa final de la vida con dignidad:

A medida que las personas se acercan a la adultez tardía, el proceso de reflexionar sobre la vida y aceptar las experiencias pasadas cobra mayor importancia. El logro de la integridad, según la teoría psicosocial de Erik Erikson, exige un profundo sentido de aceptación y satisfacción, junto con la comprensión de la propia historia personal y cómo esta ha contribuido a la persona que es hoy. Es una etapa en la que las personas buscan reconciliar sus logros y arrepentimientos pasados, encontrando paz interior y con su trayectoria vital. Abrazar la etapa final de la vida con dignidad implica reconocer que la vida es un tapiz de alegría y tristeza, éxito y fracaso, amor y pérdida. Requiere una reflexión profunda sobre el propio legado y el impacto que ha tenido en los demás, así como una apreciación de la interconexión de todas las experiencias vitales. A través de este proceso, las personas pueden cultivar un sentido de plenitud y propósito, alineando sus acciones y decisiones con sus valores y creencias fundamentales. Esta integración de autoconciencia y comprensión permite a las personas afrontar el final de la vida con gracia y dignidad, reafirmando su importancia y valor en el contexto más amplio de la experiencia humana. Abrazar la etapa final de la vida con dignidad también implica buscar el cierre y la resolución de asuntos pendientes, fomentar conexiones significativas con los seres queridos y dejar una huella positiva en las generaciones futuras. Implica gestionar los sentimientos de desesperación o arrepentimiento con resiliencia y encontrar sentido a cada momento, por fugaz que parezca. Además, requiere celebrar los hitos de la vida y reconocer la sabiduría adquirida en las experiencias vividas, empoderando a las personas para compartir conocimiento, guía y compasión con quienes siguen sus pasos. En esencia, la culminación de la adultez tardía invita a las personas a apreciar el presente, honrar el pasado y abrazar el futuro desconocido con ecuanimidad y plenitud. Al abordar esta etapa con dignidad, las personas no solo enriquecen sus propias vidas, sino que también inspiran a otros a afrontar la inevitabilidad de la mortalidad con valentía y un profundo aprecio por la abundancia de la existencia humana.

El equilibrio entre elementos sintónicos y distónicos en el desarrollo

1. Contexto histórico y fundamentos teóricos:

El concepto de elementos sintónicos y distónicos en el desarrollo humano tiene profundas raíces en la historia de la psicología. Los primeros teóricos de la psicología, como Sigmund Freud y Erik Erikson, sentaron las bases para comprender la interacción entre elementos armoniosos (sintónicos) y discordantes (distónicos) en el desarrollo individual. El modelo estructural de la psique de Freud, con su énfasis en el Ello, el Yo y el Superyó, proporcionó un marco para analizar los conflictos internos que pueden surgir de los deseos en pugna y las normas sociales. Este trabajo inicial sentó las bases para exploraciones posteriores sobre cómo los individuos gestionan las tensiones internas y externas. En contraste, la teoría psicosocial de Erikson enfatizó el impacto de los factores sociales y culturales en la formación de la identidad y la resolución de las crisis psicosociales. Su identificación de las etapas clave del desarrollo y las virtudes asociadas arrojó luz sobre la naturaleza dialéctica del desarrollo, donde los individuos se esfuerzan por lograr un equilibrio entre inclinaciones opuestas. Partiendo de estas ideas fundamentales, teóricos posteriores han enriquecido nuestra comprensión de los elementos sintónicos y distónicos mediante diversas perspectivas, incluyendo marcos cognitivos, conductuales y socioemocionales. La integración de estos diversos enfoques teóricos ha contribuido a una comprensión integral de las interacciones dinámicas entre los factores internos y externos que configuran el desarrollo individual. Además, la evolución de la psicología del desarrollo ha subrayado la importancia de considerar influencias contextuales como la dinámica familiar, los valores culturales y las condiciones socioeconómicas al examinar los elementos sintónicos y distónicos.

2. La identificación de elementos sintónicos y distónicos en el desarrollo:

Al profundizar en el panorama del desarrollo psicosocial, se hace imperativo discernir los elementos sintónicos y distónicos que desempeñan un papel fundamental en la configuración del curso del crecimiento individual. Las fuerzas sintónicas, caracterizadas por la armonía y la alineación con las metas personales y las expectativas sociales, contribuyen a una sensación de plenitud y progreso. Por el contrario, los elementos distónicos introducen discordancia y agitación interna, planteando desafíos que deben superarse en el camino del desarrollo.

En el centro de la identificación se encuentra el análisis de las interacciones de un individuo con su entorno. Mediante el análisis de patrones de comportamiento, respuestas emocionales y procesos cognitivos, investigadores y profesionales se esfuerzan por revelar la presencia de influencias sintónicas y distónicas. Este proceso requiere una comprensión matizada de las experiencias positivas y negativas, así como del impacto de los factores ambientales y sociales en el equilibrio interno del individuo.

La identificación de elementos sintónicos y distónicos exige explorar sus manifestaciones en las distintas etapas del desarrollo. Desde la infancia hasta la adultez tardía, se presentan diferentes desafíos y oportunidades que influyen en el equilibrio entre estas fuerzas opuestas. Por ejemplo, en la adolescencia, la búsqueda de identidad y autonomía puede generar conflictos entre las aspiraciones personales y las limitaciones sociales, acentuando la interacción de las influencias sintónicas y distónicas.

En este contexto, los investigadores suelen recurrir a diversos marcos teóricos para categorizar e interpretar eficazmente los elementos encontrados. Las perspectivas psicodinámicas arrojan luz sobre los conflictos inconscientes, mientras que las teorías cognitivas enfatizan el papel de los procesos de pensamiento en la mediación de las experiencias sintónicas y distónicas. Al integrar estas perspectivas multifacéticas, los investigadores buscan construir una comprensión integral de cómo las personas gestionan la interacción dinámica de las fuerzas conflictivas a lo largo de su trayectoria de desarrollo.

La adaptación de herramientas y metodologías de evaluación resulta fundamental para identificar y evaluar elementos sintónicos y distónicos. Mediante entrevistas estructuradas, autoinformes y técnicas de observación, profesionales clínicos e investigadores comprenden mejor las experiencias subjetivas de las personas, lo que proporciona datos valiosos para fundamentar intervenciones e investigaciones posteriores.

3. Influencia de las fuerzas sintónicas y distónicas en las distintas etapas:

Desde la infancia hasta la adultez tardía, el equilibrio o desequilibrio de estos elementos opuestos configura significativamente la trayectoria de la trayectoria psicosocial. Durante la infancia y la primera infancia, las experiencias sintónicas, como el cuidado receptivo, la seguridad del apego y la exploración, sientan las bases para la confianza, la autonomía y la iniciativa. Por el contrario, la ausencia de estas influencias positivas o la presencia de eventos angustiantes pueden precipitar respuestas distónicas, lo que podría dificultar la formación de apegos seguros e interrumpir el desarrollo de la confianza y la autonomía. A medida que las personas transitan hacia la edad escolar, la influencia de los elementos sintónicos y distónicos continúa moldeando su panorama psicosocial. El refuerzo positivo, las relaciones con los pares y el éxito académico contribuyen a los sentimientos de competencia y laboriosidad, mientras que la exposición al acoso escolar, las dificultades académicas o la discordia familiar pueden instigar sentimientos de inferioridad y fomentar tendencias distónicas. Estas experiencias formativas sirven como base para la adolescencia, marcada por una dinámica entre las exploraciones sintónicas de la identidad propia, la intimidad y la independencia, y la lucha distónica con la confusión de roles, las presiones sociales y las crisis de identidad. La etapa de la adultez joven subraya aún más el impacto significativo de las fuerzas sintónicas y distónicas: la búsqueda de intimidad, la exploración profesional y el establecimiento de valores personales encarnan las primeras, y el miedo al aislamiento, el estancamiento y la crisis de generatividad engloba las segundas. Durante las etapas posteriores de la adultez media y tardía, la influencia de los factores sintónicos y distónicos se perpetúa, moldeando la capacidad de las personas para cultivar sus relaciones, realizar actividades significativas y encontrar satisfacción en sus logros. Las transiciones vitales, como la jubilación, el duelo y los problemas de salud, a menudo presentan desafíos distónicos que deben gestionarse en medio de la búsqueda continua de la plenitud sintónica y la generatividad.

4. Impacto en la formación y ajuste de la personalidad:

La formación y el ajuste de la personalidad se ven profundamente influenciados por los elementos sintónicos y distónicos experimentados a lo largo del desarrollo. La interacción entre estas fuerzas opuestas moldea los comportamientos, las actitudes y el bienestar psicológico general de los individuos. Las experiencias sintónicas, caracterizadas por la armonía y la alineación con los impulsos internos y las expectativas sociales, a menudo contribuyen al desarrollo de rasgos positivos de la personalidad como la resiliencia, la empatía y la autoeficacia. Por el contrario, los encuentros distónicos, marcados por la discordia y las interacciones conflictivas, pueden conducir a patrones de personalidad desadaptativos, incluyendo un aumento de la ansiedad, las dificultades interpersonales y la desregulación emocional. Comprender el impacto de estos elementos es fundamental para comprender cómo los individuos gestionan sus trayectorias de desarrollo y se adaptan a los desafíos de la vida. Las investigaciones han demostrado que un entorno predominantemente sintónico puede fomentar un sentido de seguridad en uno mismo, lo que conduce a una respuesta más adaptativa a los factores estresantes y a una mayor capacidad para construir relaciones significativas. Por el contrario, la exposición a experiencias distónicas frecuentes puede impedir la formación de una identidad cohesiva y dificultar la adquisición de habilidades cruciales de afrontamiento, lo que resulta en dificultades persistentes con la regulación emocional y el funcionamiento interpersonal. Además, la acumulación de experiencias distónicas o sintónicas a lo largo del tiempo moldea significativamente la trayectoria general del desarrollo de la personalidad, influyendo en la propensión a exhibir conductas prosociales o desadaptativas en diversos contextos. Estos efectos persistentes subrayan la huella duradera de las experiencias tempranas y continuas en la estructura de la personalidad de un individuo. Asimismo, la capacidad de un individuo para dar sentido a sus experiencias distónicas y sintónicas puede afectar considerablemente su capacidad de ajuste adaptativo. Una narrativa coherente que integre experiencias tanto positivas como negativas contribuye a una estructura de personalidad más resiliente, mejorando la capacidad del individuo para afrontar la adversidad y recuperarse de los reveses. Por el contrario, los conflictos no resueltos derivados de experiencias distónicas pasadas pueden manifestarse como desafíos recurrentes en la regulación emocional y la dinámica interpersonal, lo que dificulta el ajuste y el bienestar general. Comprender las complejidades de la formación y el ajuste de la personalidad dentro del contexto de elementos sintónicos y distónicos proporciona conocimientos clave tanto para médicos como para educadores y cuidadores.

5. Intervenciones para promover el equilibrio del desarrollo:

Al abordar los desequilibrios en los elementos sintónicos y distónicos, se pueden implementar diversas intervenciones para ayudar a las personas a alcanzar el equilibrio. Un enfoque clave consiste en la implementación de intervenciones terapéuticas específicas, como la terapia cognitivo-conductual (TCC) o la terapia dialéctica conductual (TDC), que se centran en identificar y modificar los patrones de pensamiento y comportamiento desadaptativos que contribuyen al desequilibrio.

Además, fomentar un entorno de apoyo y cuidado desempeña un papel crucial en la promoción del equilibrio del desarrollo. Esto puede incluir la creación de oportunidades para el diálogo abierto, la validación de las emociones y la provisión de recursos para afrontar situaciones difíciles y desarrollar resiliencia. La terapia familiar y las intervenciones sistémicas también resultan beneficiosas para abordar patrones intergeneracionales que pueden contribuir al desequilibrio del desarrollo.

Las intervenciones educativas y de desarrollo de habilidades son esenciales para dotar a las personas de las herramientas necesarias para abordar y mitigar eficazmente los desequilibrios. Estas intervenciones pueden abarcar técnicas de manejo del estrés, capacitación en habilidades de comunicación interpersonal y estrategias de regulación emocional. Al mejorar las competencias individuales, las personas pueden desarrollar una mayor capacidad para gestionar y responder de forma adaptativa a los desafíos.

Las intervenciones comunitarias, como los programas de mentoría, las redes de apoyo grupal y el acceso a actividades recreativas y culturales, ofrecen un valioso apoyo para promover el equilibrio en el desarrollo. La interacción con compañeros y mentores brinda oportunidades para la conexión social, el sentido de pertenencia y el desarrollo de relaciones significativas, componentes vitales para fomentar una trayectoria de desarrollo equilibrada.

Las intervenciones basadas en la atención plena han demostrado su eficacia para promover la autoconciencia, la regulación emocional y el bienestar psicológico general. Prácticas como la meditación de atención plena, el Yoga y la reducción del estrés basada en la atención plena (REBAP) facilitan el desarrollo de la conciencia del momento presente y la aceptación sin prejuicios, fomentando un sentido de equilibrio interior ante los desafíos de la vida.

Por último, la colaboración con profesionales interdisciplinarios, como psicólogos, trabajadores sociales, educadores y profesionales de la salud, es fundamental para diseñar planes de intervención integrales adaptados a las necesidades únicas de cada individuo. Al integrar diversas perspectivas y conocimientos, se pueden formular enfoques holísticos para abordar la naturaleza multifacética del desequilibrio del desarrollo.

6. Resultados psicosociales del desequilibrio:

El desequilibrio entre los elementos sintónicos y distónicos en el desarrollo psicosocial puede tener efectos profundos y duraderos en el bienestar individual. Cuando se altera el equilibrio entre estas fuerzas, a menudo se manifiesta en diversas consecuencias psicosociales que requieren atención y comprensión. Una consecuencia significativa del desequilibrio es el desarrollo de mecanismos de afrontamiento desadaptativos. Las personas pueden recurrir a formas poco saludables de afrontar el estrés y la adversidad, lo que provoca un aumento de la ansiedad, la depresión o incluso el abuso de sustancias. Estas estrategias de afrontamiento desadaptativas pueden obstaculizar el progreso saludable del desarrollo e impedir la consecución de importantes hitos psicosociales.

El desequilibrio en el desarrollo psicosocial también puede afectar las relaciones interpersonales. Una persona con una carencia persistente de elementos sintónicos puede tener dificultades para establecer vínculos saludables con los demás, lo que conduce al aislamiento y la soledad. Por el contrario, un exceso de influencias distónicas puede manifestarse como hostilidad, agresión o incapacidad para confiar en los demás, contribuyendo a relaciones tensas o disfuncionales. Estos desafíos interpersonales pueden perpetuar aún más el ciclo de desequilibrio, creando un efecto dominó en diversas facetas de la vida de una persona.

La manifestación del desequilibrio en el desarrollo psicosocial no se limita a luchas internas y dificultades interpersonales, sino que también se extiende a implicaciones sociales más amplias.

Por ejemplo, las personas que padecen un desarrollo psicosocial desequilibrado pueden tener dificultades para integrarse en sus comunidades y contribuir positivamente a la sociedad. Esto puede tener implicaciones de gran alcance, que afectan no solo al individuo, sino también al tejido social en el que se desenvuelve. Abordar estos resultados requiere una comprensión integral de los factores que contribuyen al desequilibrio y un enfoque personalizado de intervención y apoyo.

Es fundamental reconocer que las consecuencias psicosociales del desequilibrio no son fijas ni inmutables. Con intervenciones adecuadas y sistemas de apoyo específicos, las personas pueden trabajar para restablecer el equilibrio y mitigar los efectos adversos del desequilibrio del desarrollo. Mediante intervenciones terapéuticas, redes de apoyo social y oportunidades para el desarrollo de habilidades, las personas pueden cultivar la resiliencia y estrategias de afrontamiento adaptativas, fomentando resultados psicosociales positivos a pesar del desequilibrio previo.

Influencias sociales y la formación de relaciones

1. El papel de la dinámica familiar en la formación de relaciones:

La dinámica familiar desempeña un papel crucial en la formación de la comprensión y el enfoque de las relaciones de una persona. El entorno familiar, que abarca las interacciones con padres, hermanos y otros miembros de la familia, sirve como plataforma inicial para el aprendizaje de los vínculos sociales, la comunicación y la conectividad emocional.

Uno de los aspectos clave examinados es la influencia del modelo parental en las conductas relacionales. Los niños observan y asimilan cómo sus padres interactúan, se comunican, resuelven conflictos y demuestran afecto. Estos patrones observados a menudo se arraigan en sus propias habilidades relacionales. Además, el tipo de apego que se forma con los cuidadores, según lo propone la teoría del apego, influye significativamente en la formación de relaciones posteriores. Los apegos seguros tienden a fomentar conexiones interpersonales más sanas, mientras que los apegos inseguros pueden generar dificultades en la confianza y la intimidad.

Además, las estructuras familiares y los valores culturales influyen directamente en la dinámica de las relaciones. Las diferentes configuraciones familiares, ya sean nucleares, extendidas o mixtas, presentan modelos únicos de interacción y apoyo. Asimismo, las normas culturales relacionadas con los roles de género, las expresiones de amor y las obligaciones familiares influyen profundamente en cómo las personas perciben y se involucran en las relaciones.

El concepto de patrones de comunicación familiar surge como un componente fundamental en el desarrollo de las relaciones. Una comunicación abierta, respetuosa y validante dentro del entorno familiar fomenta habilidades esenciales para los intercambios interpersonales efectivos, la resolución de conflictos y la empatía. Por el contrario, experimentar patrones de comunicación disfuncionales dentro de la familia puede obstaculizar el desarrollo de relaciones saludables fuera del contexto familiar.

2. La interacción entre pares y su impacto en el crecimiento social:

A medida que niños y adolescentes se adentran en el complejo panorama de las relaciones interpersonales, sus interacciones con sus pares influyen significativamente en su comprensión de las normas sociales, sus habilidades de comunicación y su capacidad para resolver conflictos. La interacción con sus pares ofrece una oportunidad única para que las personas adquieran habilidades sociales cruciales como la empatía, la cooperación y la perspectiva. Al interactuar con sus pares, las personas no solo forjan amistades, sino que también desarrollan una comprensión más profunda de diversas perspectivas y experiencias. Estas interacciones contribuyen al desarrollo de la inteligencia emocional y la capacidad de interactuar con dinámicas sociales complejas. Además, los grupos de pares actúan como microcosmos de la sociedad, brindando a las personas la oportunidad de practicar e interiorizar las normas y valores sociales.

La interacción entre iguales contribuye a la formación de la identidad propia y los valores personales. Los adolescentes, en particular, suelen recurrir a sus grupos de iguales para establecer un sentido de pertenencia y autoestima. Estas interacciones pueden moldear las actitudes de las personas hacia la autoridad, la conformidad y la autonomía. La exploración de diferentes roles dentro de los grupos de iguales permite a las personas experimentar con diversos aspectos de su identidad, lo que contribuye a una mejor comprensión de sí mismos y de los demás.

Si bien la interacción entre pares ofrece numerosas oportunidades para un crecimiento social positivo, también presenta desafíos. La presión social, la exclusión social y los conflictos dentro de los grupos de iguales pueden afectar significativamente el bienestar emocional y la autoestima de una persona. Gestionar estas experiencias desafiantes proporciona valiosas lecciones de resiliencia, asertividad y establecimiento de límites. Comprender la dinámica de la interacción entre pares proporciona a las personas las herramientas necesarias para construir relaciones saludables y significativas a lo largo de su vida.

3. Normas culturales y su influencia en la socialización

Las normas culturales actúan como marco rector que dicta los comportamientos aceptables y esperados dentro de una sociedad o comunidad en particular. Estas normas suelen transmitirse a través de instituciones sociales, estructuras familiares, sistemas educativos y prácticas religiosas, sentando las bases del comportamiento social y las relaciones interpersonales. La aplicación de las normas culturales contribuye a la creación de una identidad compartida y fomenta el sentido de pertenencia entre los individuos de un grupo cultural.

Las normas culturales influyen significativamente en la forma en que las personas perciben la comunicación interpersonal, expresan sus emociones y establecen vínculos con los demás. Por ejemplo, en las culturas colectivistas, el énfasis en las relaciones armoniosas y la cohesión grupal influye en cómo las personas priorizan los objetivos comunes sobre los deseos individuales. En cambio, las culturas individualistas pueden promover la autonomía y la independencia en las interacciones interpersonales.

La influencia de las normas culturales trasciende las interacciones presenciales y permea los espacios virtuales y la comunicación digital. Con la creciente interconexión del mundo globalizado, las personas se ven expuestas a diversas normas culturales a través de las redes sociales, las plataformas en línea y las comunidades virtuales. Esta exposición aumenta la conciencia sobre la diversidad cultural y las desafía a adaptarse a las diversas normas en sus interacciones sociales.

La interacción de las normas culturales con los roles de género, la jerarquía social y las dinámicas de poder configura la formación de relaciones y estructuras sociales dentro de una cultura determinada. Estas dinámicas, con matices, influyen en la distribución de roles y responsabilidades dentro de las relaciones, así como en las expectativas asociadas con la amistad, el matrimonio y los lazos de parentesco.

Es crucial reconocer la naturaleza dinámica de las normas culturales, considerando su evolución a lo largo del tiempo debido a factores como la globalización, la migración y los cambios sociopolíticos. Al desenvolverse en entornos multiculturales, las personas pueden encontrarse con normas culturales contradictorias, lo que les obliga a adaptar y negociar sus comportamientos para dar cabida a diversas perspectivas y valores.

4. Medios y tecnología:

El uso generalizado de las redes sociales, los servicios de citas en línea y la mensajería instantánea ha transformado la dinámica de las conexiones humanas. Con solo un clic, las personas pueden comunicarse en tiempo real, compartir momentos personales y establecer conexiones a través de fronteras geográficas. Sin embargo, este acceso sin precedentes a la información y a la interacción virtual también plantea interrogantes sobre la autenticidad y la profundidad de estas relaciones. La naturaleza seleccionada de los perfiles en redes sociales y la prevalencia del anonimato en línea pueden afectar la percepción que las personas tienen de sí mismas y de los demás, lo que podría influir en su forma de formar y mantener relaciones.

La representación de relaciones idealizadas en los medios de comunicación y el entretenimiento tradicionales puede moldear significativamente las normas y expectativas sociales. Las narrativas románticas que se presentan en películas, programas de televisión y anuncios publicitarios pueden crear ideales irrealistas, lo que genera disparidades entre la fantasía y la realidad en las relaciones reales. Además, la exposición constante a imágenes y estilos de vida alterados digitalmente puede contribuir a la inseguridad y a la sensación de incompetencia de las personas, lo que afecta su capacidad para desarrollar conexiones genuinas basadas en la comprensión y la aceptación mutuas.

La integración de la tecnología en las relaciones modernas también plantea desafíos únicos. Desde abordar las implicaciones de la infidelidad virtual hasta gestionar el tiempo frente a la pantalla y su impacto en las interacciones cara a cara, las personas se enfrentan a una serie de consideraciones que influyen en la calidad de sus relaciones. Además, la creciente dependencia de la comunicación digital como principal medio de interacción puede obstaculizar el desarrollo de habilidades interpersonales cruciales, como la comunicación no verbal, la escucha activa y la empatía.

A pesar de estos desafíos, los medios de comunicación y la tecnología también ofrecen oportunidades de conexión y crecimiento. Las comunidades virtuales de apoyo y los foros en línea brindan espacios para que las personas se conecten a través de experiencias compartidas y reciban orientación desde diversas perspectivas. Además, la accesibilidad a recursos educativos e intervenciones terapéuticas a través de plataformas digitales puede aumentar la comprensión de las personas sobre sí mismas y sobre los demás, fomentando relaciones significativas basadas en el respeto mutuo y la inteligencia emocional.

5. Entornos educativos y desarrollo de habilidades sociales:

A medida que los estudiantes progresan en diversos entornos educativos, se encuentran con diversos escenarios sociales que contribuyen a su aprendizaje socioemocional. Desde la educación infantil hasta las instituciones académicas superiores, estos entornos actúan como incubadoras para el desarrollo de competencias sociales esenciales.

El aula funciona como un microcosmos de la sociedad, ofreciendo oportunidades para la colaboración, la comunicación y la resolución de conflictos. Las interacciones con compañeros, profesores y otras figuras de autoridad brindan a los estudiantes valiosas lecciones de empatía, trabajo en equipo y liderazgo. Además, la participación en proyectos grupales, actividades extracurriculares y debates colaborativos fomenta el desarrollo de habilidades interpersonales, promoviendo el diálogo respetuoso y la comprensión mutua.

Más allá de las interacciones interpersonales, los contextos educativos también fomentan el desarrollo de la inteligencia emocional. Los estudiantes aprenden a reconocer y gestionar sus propias emociones, así como a comprender los sentimientos de los demás. Los docentes y orientadores escolares suelen facilitar programas orientados a la alfabetización emocional, promoviendo la autoconciencia, la autorregulación y la empatía, elementos fundamentales para el desarrollo de relaciones saludables.

Además de las actividades curriculares estructuradas, el entorno social informal de las instituciones educativas ofrece excelentes oportunidades para el desarrollo de habilidades sociales. Los recreos, las pausas para el almuerzo y los eventos escolares brindan espacios para la socialización informal, donde los estudiantes participan en juegos, conversaciones y actividades recreativas informales. Estas interacciones espontáneas contribuyen a la evolución natural de las competencias sociales, fomentando la espontaneidad, la adaptabilidad y la confianza social.

Los entornos educativos sirven como plataformas para fomentar la inclusión y la diversidad, fomentando la apreciación de perspectivas y orígenes diversos. La exposición a un alumnado heterogéneo promueve la competencia cultural y la empatía, a la vez que proporciona un terreno fértil para el desarrollo de sólidos fundamentos morales y éticos. Mediante la exposición a diversos puntos de vista y experiencias, los estudiantes adquieren una visión más amplia del mundo, cultivando una mentalidad abierta y la tolerancia hacia los demás.

A medida que las instituciones educativas evolucionan, el énfasis en el aprendizaje socioemocional cobra cada vez mayor relevancia. Las escuelas ahora integran el desarrollo de habilidades sociales en sus planes de estudio, reconociendo su carácter indispensable en la vida personal y profesional de los estudiantes. Al priorizar el desarrollo de la comunicación eficaz, la resolución de conflictos y la destreza relacional, los entornos educativos preparan a las personas para una integración exitosa en el tejido social más amplio y en las complejidades de las conexiones interpersonales.

6. Relaciones laborales:

En los entornos laborales dinámicos e interconectados de hoy, fomentar relaciones positivas y productivas con compañeros, superiores y subordinados es esencial para el éxito individual y la eficacia organizacional. Un aspecto fundamental para unas relaciones laborales eficaces es el desarrollo de sólidas habilidades de comunicación. Una comunicación clara y abierta constituye la base de unas interacciones saludables, promoviendo la comprensión mutua y la resolución de conflictos. Además, la escucha activa y la empatía desempeñan un papel fundamental para fomentar un entorno laboral de apoyo y colaboración. Asimismo, la capacidad de ofrecer retroalimentación constructiva y recibirla con amabilidad es indispensable para el desarrollo profesional.

Comprender la dinámica de poder inherente al entorno laboral es crucial. Reconocer las jerarquías y, al mismo tiempo, mantener un sentido de igualdad y respeto es un delicado equilibrio que sustenta las relaciones laborales exitosas. Al mismo tiempo, generar confianza y credibilidad mediante una conducta coherente y ética es fundamental para cultivar vínculos profesionales duraderos.

Aceptar la diversidad y la inclusión en el lugar de trabajo es fundamental. Fomentar una cultura de aceptación y valoración de las diversas perspectivas no solo enriquece el tejido organizacional, sino que también fomenta un sentido de pertenencia y bienestar entre los empleados. Promover un espacio de trabajo seguro e inclusivo permite que las personas prosperen y contribuyan significativamente a los objetivos colectivos.

Más allá de las interacciones cotidianas, establecer mentorías y establecer contactos puede impulsar considerablemente el crecimiento profesional. Colaborar con mentores puede brindar valiosa orientación, apoyo y oportunidades para el desarrollo de habilidades. De igual manera, participar activamente en redes profesionales y eventos del sector puede ampliar los horizontes, propiciando nuevas colaboraciones y experiencias de aprendizaje.

7. Interactuar con las redes sociales en comunidades diversas:

Las redes sociales dentro de comunidades diversas presentan un rico entramado de relaciones interconectadas y dinámicas culturales. Recorrer estas redes requiere una comprensión profunda de los matices que influyen en las interacciones sociales. En el contexto de comunidades diversas, las personas se encuentran con un amplio espectro de creencias, tradiciones y valores que influyen significativamente en la formación y el mantenimiento de las relaciones. La capacidad de interactuar con estas redes sociales con empatía, sensibilidad cultural y mentalidad abierta es esencial para fomentar conexiones inclusivas, saludables y significativas. Comprender las características únicas de las comunidades diversas es fundamental para establecer una comunicación eficaz y construir relaciones genuinas.

Un aspecto fundamental de la interacción con las redes sociales en comunidades diversas es reconocer la influencia de la interseccionalidad. Las personas representan múltiples identidades que se entrecruzan y contribuyen a sus experiencias dentro de una comunidad determinada. Estas intersecciones pueden abarcar factores como la raza, la etnia, el género, la orientación sexual, el nivel socioeconómico, entre otros. Reconocer y respetar las complejidades de estas identidades intersectadas es crucial para crear un entorno donde todos los miembros de la comunidad se sientan valorados y comprendidos.

Aceptar la diversidad implica buscar activamente oportunidades de interacción intercultural. Esto implica participar en eventos, iniciativas y diálogos comunitarios que celebran diversas tradiciones y perspectivas culturales. Al sumergirse en diferentes contextos culturales, las personas pueden comprender mejor las experiencias vividas por los demás, a la vez que fomentan el respeto y el aprecio mutuos.

Otro componente vital para operar en redes sociales en comunidades diversas es practicar la comunicación inclusiva. El uso de lenguaje inclusivo y señales no verbales que respeten los diversos orígenes lingüísticos y estilos de comunicación fomenta un ambiente de pertenencia y comprensión. Además, la escucha activa y la disposición a aprender de los demás sirven como base para establecer conexiones auténticas en diversas redes sociales.

8. Desafíos y oportunidades en la construcción de relaciones:

A medida que las personas interactúan en la compleja red de relaciones de diversas comunidades, se enfrentan a una multitud de desafíos y oportunidades que moldean su desarrollo social. La dinámica de la construcción de relaciones presenta obstáculos multifacéticos, como diferencias en la comprensión cultural, barreras de comunicación y valores contrapuestos. Estos desafíos exigen una profunda exploración de la empatía, el respeto y la mentalidad abierta para fomentar relaciones constructivas en diversos sectores sociales. En medio de estos obstáculos, se encuentran oportunidades extraordinarias para el crecimiento personal y la comprensión mutua. Al superar las brechas culturales y de comunicación, las personas pueden ampliar sus perspectivas y establecer conexiones significativas con personas de diversos orígenes. Aprovechar estas oportunidades permite el desarrollo de comunidades inclusivas y el desarrollo de sólidas habilidades interpersonales. Además, la interacción de perspectivas e ideas en diversas relaciones actúa como catalizador de la creatividad y la innovación. Cuando las personas interactúan con diferentes puntos de vista y experiencias, se exponen a nuevas formas de pensar que pueden impulsar cambios transformadores y soluciones colaborativas a problemas complejos. El proceso de construcción de relaciones también ofrece la oportunidad de desafiar las ideas preconcebidas y ampliar la propia visión del mundo. A través del diálogo genuino y la interacción respetuosa, las personas pueden reevaluar sus creencias y suposiciones, lo que conduce a la evolución personal y colectiva. Simultáneamente, estas interacciones brindan la oportunidad de celebrar la diversidad y aprovechar la fuerza de la colaboración multicultural. Al fomentar un entorno de inclusión y reconocimiento de las diferencias individuales, las relaciones se convierten en vías de enriquecimiento y unidad. Sin embargo, estas oportunidades conllevan la necesidad de una continua autorreflexión e introspección. Es fundamental que las personas se mantengan atentas para reconocer y abordar los sesgos, estereotipos y prejuicios que puedan obstaculizar la construcción de relaciones auténticas.

La formación de la identidad a lo largo de la vida

1. La proliferación de la identidad a lo largo de la infancia:

El proceso de formación de la identidad comienza en las primeras etapas de la infancia, cuando los jóvenes empiezan a desarrollar un sentido de autoconciencia y distinción respecto a los demás. Durante este período, los niños participan activamente en actividades e interacciones que les permiten explorar sus preferencias, intereses y capacidades, sentando las bases para la construcción de su identidad. Al interactuar con diversos entornos sociales, como la familia, la escuela y los compañeros, se exponen a diferentes experiencias que influyen en la formación de su identidad. Es fundamental reconocer que el desarrollo de la identidad durante la infancia no es una progresión lineal, sino una compleja interacción de factores internos y externos. Los niños pueden exhibir diversas identidades a medida que experimentan con diferentes roles y comportamientos, lo que refleja la naturaleza multifacética de su identidad en evolución. Esta fase también implica la asimilación de normas culturales y sociales, que contribuyen aún más a la formación de su identidad. A través de las interacciones con sus cuidadores y compañeros, los niños aprenden sobre roles sociales, valores y expectativas, que se convierten en componentes integrales de su identidad en desarrollo. Además, el crecimiento cognitivo y emocional experimentado durante la infancia desempeña un papel importante en la formación de la identidad. A medida que los niños adquieren mayor conciencia de sus emociones, pensamientos y deseos, comienzan a construir un autoconcepto más complejo, que incorpora la percepción que tienen de sí mismos y de los demás. Este autoconcepto influye en sus procesos de toma de decisiones y relaciones interpersonales, moldeando así su identidad. Es fundamental reconocer la naturaleza dinámica de la identidad a lo largo de la infancia, donde los niños reevalúan y reconfiguran continuamente su sentido de identidad en respuesta a nuevas experiencias y desafíos. Además, la exploración de la identidad de género y la herencia cultural acentúa aún más la complejidad de la proliferación de la identidad durante esta etapa del desarrollo.

2. La búsqueda del Yo en la adolescencia:

La adolescencia, a menudo caracterizada por los psicólogos del desarrollo temprano como un período tormentoso y estresante, marca un momento crucial en la formación de la identidad. A medida que las personas lidian con las turbulentas aguas de los cambios fisiológicos, el crecimiento cognitivo y los desafíos socioemocionales, la búsqueda del Yo cobra protagonismo. Esta fase presenta numerosos desafíos, derivados de la necesidad de establecer autonomía mientras se lidia con las presiones para adaptarse a las normas sociales.

Uno de los principales desafíos de la adolescencia es la lucha por formar un autoconcepto cohesivo y estable. Los adolescentes con frecuencia se encuentran inmersos en un intenso proceso de autoexploración, buscando comprender sus fortalezas, debilidades, aspiraciones y valores únicos. Esta búsqueda de identidad se ve influenciada tanto por factores internos, como las creencias y emociones personales, como por influencias externas, como la dinámica con los pares, las expectativas familiares y las normas culturales.

La búsqueda adolescente de identidad está intrínsecamente ligada a la búsqueda de la independencia. A medida que los adolescentes se esfuerzan por afirmar su autonomía e individualidad, se enfrentan a tensiones entre el deseo de libertad y la necesidad de acatar las normas sociales y la guía parental. Negociar estas demandas contradictorias puede ser exigente, lo que a menudo genera sentimientos de alienación, confusión y agitación interior.

Las relaciones entre pares también desempeñan un papel fundamental en la formación de la identidad de los adolescentes. El grupo de pares se convierte en un contexto fundamental para la exploración de la identidad, ofreciendo oportunidades para la comparación social, la afiliación y la experimentación de diferentes roles. Si bien las interacciones entre pares pueden fomentar el crecimiento y la validación personal, también pueden exponer a los adolescentes a presiones de conformidad, lo que exacerba los desafíos inherentes al autodescubrimiento.

La creciente exposición a la tecnología y los medios de comunicación complica la búsqueda de identidad de los adolescentes. Con la omnipresencia de las redes sociales y la comunicación digital, los jóvenes construyen continuamente personalidades virtuales y lidian con el impacto de las interacciones en línea en su identidad.

3. Adultez emergente - Exploración y experimentación de roles:

En la fase de la adultez emergente, que suele abarcar desde finales de la adolescencia hasta mediados de la veintena, las personas atraviesan un profundo período de autodescubrimiento y exploración. Esta coyuntura crítica se caracteriza por una gran cantidad de oportunidades para la experimentación de roles en diversos ámbitos, como la educación, el trabajo, las relaciones y los valores personales. A medida que los jóvenes adultos atraviesan esta fase de transición, a menudo se enfrentan a una serie de decisiones y desafíos que configuran sus identidades y aspiraciones en evolución. La exploración durante esta etapa puede implicar cursar estudios superiores, emprender trayectorias profesionales, participar en diversas actividades sociales y contemplar compromisos a largo plazo como el matrimonio o la paternidad o maternidad. Además, las personas pueden ahondar en exploraciones espirituales e ideológicas, buscando significado y propósito tanto en el contexto personal como social. El proceso de experimentación de roles implica un equilibrio entre autonomía y responsabilidad, ya que los jóvenes adultos se esfuerzan por afirmar su independencia y, al mismo tiempo, adaptarse a las normas y expectativas de los adultos. Este período también es testigo de la renegociación de las relaciones con la familia, los pares y las comunidades, lo que puede influir significativamente en la trayectoria de consolidación de la identidad. Es común que los adultos emergentes se enfrenten a ambigüedad, reveses y dudas al experimentar con diferentes roles; sin embargo, estas experiencias fomentan perspectivas invaluables y crecimiento personal. Además, esta fase fomenta la adaptabilidad, la resiliencia y el perfeccionamiento de las habilidades para la toma de decisiones, sentando las bases para futuros proyectos. A medida que se desarrolla la exploración de la identidad, la interacción entre las reflexiones internas y las influencias externas moldea la formación de identidades auténticas y sostenibles. Los resultados de la experimentación de roles en la adultez emergente a menudo sientan las bases para la fase posterior de consolidación de la identidad en la adultez temprana, donde los individuos transitan hacia la definición y el compromiso con aspectos perdurables de sí mismos. Por lo tanto, la importancia de esta fase crucial no puede subestimarse, ya que sienta las bases para la construcción de identidades individuales y sirve como piedra angular para el desarrollo psicológico continuo.

3. Consolidación de la identidad en la edad adulta temprana:

En la adultez temprana, las personas se enfrentan a la crucial tarea de consolidar su identidad, aprovechando las experiencias y exploraciones de la adultez emergente. Este período se caracteriza por un compromiso cada vez más profundo con diversos ámbitos de la vida, como la carrera profesional, las relaciones y los valores personales. El proceso de consolidación de la identidad implica integrar los diversos roles y aspiraciones explorados durante la adultez emergente en un sentido de identidad más coherente. A medida que los jóvenes adultos se enfrentan al complejo panorama de la vida moderna, se encuentran con numerosos hitos que contribuyen a esta consolidación. Las actividades educativas y vocacionales desempeñan un papel importante a medida que las personas toman decisiones sobre sus carreras y proyectos, moldeando sus identidades profesionales. Además, la formación de relaciones íntimas y los compromisos con la pareja o la familia influyen en el desarrollo de una identidad relacional más madura y estable. Los valores y creencias personales se refinan aún más, dando lugar a una identidad moral y ética más sólida. Esta fase también ofrece oportunidades para interactuar con las estructuras sociales y comunitarias, fomentando un sentido de identidad cívica y responsabilidad. La interacción de estos factores durante la adultez temprana contribuye, en última instancia, a la consolidación de la identidad multifacética de un individuo. A pesar del potencial de cohesión, el camino hacia la consolidación de la identidad también puede conllevar desafíos e incertidumbres. Los adultos jóvenes pueden lidiar con demandas y expectativas contradictorias, experimentando conflictos internos mientras se esfuerzan por integrar diversos aspectos de sí mismos. Las presiones de los estándares sociales y las normas culturales pueden generar sentimientos de ambivalencia y confusión, lo que complica el proceso de consolidación de la identidad. Además, eventos externos como las dificultades económicas o los trastornos relacionales pueden impedir la asimilación fluida de los elementos de la identidad. En medio de estas complejidades, las personas logran un delicado equilibrio entre mantener un sentido de continuidad de sus experiencias pasadas y aceptar las facetas cambiantes de sus identidades. En consecuencia, los primeros años de la adultez sirven como un momento crítico para que las personas reflexionen sobre sus narrativas personales, reconcilien autoconceptos fragmentados y culminen en un sentido de identidad más unificado y cohesionado. Esta síntesis prepara el camino para las fases posteriores de la vida, preparando el escenario para el crecimiento continuo, la introspección y la adaptación.

4. Transiciones de identidad y reevaluación de la mediana edad:

La mediana edad marca un período crucial para las personas, donde a menudo se produce una profunda reevaluación de la identidad y los valores personales. Esta fase se caracteriza por transiciones vitales significativas, como cambios de carrera, el abandono del hogar, el cuidado de padres ancianos y la reevaluación de creencias y aspiraciones arraigadas. A medida que las personas lidian con estas transiciones, se enfrentan al reto de conciliar sus experiencias y logros pasados con sus aspiraciones futuras y preocupaciones existenciales.

La reevaluación de la mediana edad suele impulsar a las personas a reflexionar sobre los caminos que han recorrido y hasta qué punto esas decisiones se alinean con sus valores fundamentales y autopercepciones. Este proceso introspectivo puede suscitar preguntas existenciales y una profunda reevaluación de la identidad personal. Las personas pueden lidiar con cuestiones de legado y significado, contemplando su impacto en el mundo y la huella que desean dejar.

La reevaluación de la mediana edad suele implicar una reconsideración de las relaciones, tanto personales como profesionales. A medida que las personas buscan redefinir sus roles y prioridades, pueden reevaluar sus vínculos con familiares, amigos y colegas, lo que influye en su sentido de identidad y pertenencia. La dinámica cambiante de las relaciones interpersonales durante esta fase puede afectar significativamente el autoconcepto y el bienestar emocional.

En la sociedad contemporánea, la mediana edad suele coincidir con avances tecnológicos, cambios sociales y la evolución de las normas culturales. Estos factores externos pueden generar nuevas posibilidades y desafíos, influyendo en cómo las personas se perciben a sí mismas y cómo interactúan con el mundo que las rodea. Comprender y gestionar estas influencias dinámicas es fundamental para moldear la transición de la mediana edad y la posterior reevaluación de la identidad.

5. Influencias intergeneracionales en la identidad personal:

La transmisión de valores, creencias, tradiciones y prácticas culturales de una generación a otra impacta significativamente la percepción que las personas tienen de sí mismas y de su lugar en la sociedad. A través de las narrativas familiares, las costumbres y los rituales, las generaciones más jóvenes heredan un sentido de continuidad y pertenencia, que constituye aspectos fundamentales de su identidad. Además, las relaciones intergeneracionales sirven como canales para la transferencia de sabiduría, conocimiento y experiencias, contribuyendo a la construcción del autoconcepto y la cosmovisión de cada individuo.

Los conflictos y las resoluciones intergeneracionales pueden influir profundamente en el desarrollo de la identidad personal. Las brechas generacionales en perspectivas, actitudes y mecanismos de afrontamiento pueden generar tensión familiar, impulsando a las personas a gestionar sistemas de valores e ideologías divergentes. Estas interacciones pueden fomentar la introspección y la reflexión crítica, impulsando el proceso de formación de la identidad a medida que las personas negocian su postura entre la tradición y la modernidad. Al reconocer y abordar las diferencias intergeneracionales, las personas pueden desarrollar una comprensión más matizada de su propia identidad y cultivar una mayor empatía y tolerancia hacia las diversas perspectivas.

El contexto histórico y sociopolítico en el que se desenvuelve cada generación moldea las experiencias y la construcción de la identidad de sus miembros. Los acontecimientos históricos, los movimientos sociales y los cambios culturales contribuyen a la memoria colectiva y la identidad de una generación, influyendo en sus valores, aspiraciones y sistemas de creencias. La interacción entre los acontecimientos históricos a nivel macro y las dinámicas familiares a nivel micro crea un complejo entramado que configura la identidad multifacética de un individuo. Así, la transmisión intergeneracional de narrativas históricas y la conciencia sociopolítica perpetúa un legado de resiliencia, solidaridad y adaptabilidad a través del cual se moldean las identidades personales.

El intercambio intergeneracional de lenguas, dialectos y estilos de comunicación también tiene un profundo impacto en la identidad personal. El patrimonio lingüístico sirve como un potente vehículo para preservar las tradiciones culturales y fomentar un sentido de interconexión entre generaciones. La lengua no solo encapsula narrativas y tradiciones compartidas, sino que también moldea los patrones de pensamiento y las interacciones sociales, influyendo en la formación de la identidad cultural y étnica de una persona. Además, el bilingüismo o el multilingüismo en un contexto familiar enriquece la identidad individual al proporcionar flexibilidad cognitiva y un mayor alcance de comunicación, fomentando una mayor apreciación de la diversidad y la inclusión.

6. Impactos culturales y sociales en el desarrollo de la identidad:

Desde el nacimiento, las personas se ven inmersas en un rico entramado de tradiciones, costumbres, creencias y normas culturales que influyen significativamente en su identidad. La familia, como principal agente de socialización, transmite valores y prácticas culturales a los niños, sirviendo como plataforma inicial para la formación de la identidad. A medida que los niños crecen e interactúan en contextos sociales más amplios, se encuentran con diversos marcos culturales e ideologías que moldean aún más sus identidades.

Más allá de la unidad familiar, instituciones como los sistemas educativos, las organizaciones religiosas y los grupos comunitarios también contribuyen a la construcción de la identidad personal. Los entornos educativos exponen a las personas a una amplia gama de perspectivas, promoviendo el desarrollo cognitivo y social, a la vez que inculcan conocimientos culturales. Las afiliaciones religiosas o espirituales brindan a las personas un sentido de pertenencia y una base moral, lo que influye en sus identidades éticas y existenciales. La participación comunitaria fomenta un sentido de identidad comunitaria e interconecta a las personas con atributos culturales colectivos.

Las normas, valores y expectativas sociales ejercen una profunda influencia en el desarrollo de la identidad. Las construcciones sociales de género, raza, etnia y estatus socioeconómico moldean el autoconcepto de las personas y desempeñan un papel significativo en sus experiencias y oportunidades. Los medios de comunicación, como la televisión, el cine y las plataformas digitales, contribuyen a la difusión de narrativas culturales y refuerzan las percepciones sociales de la identidad. Además, la globalización y el creciente multiculturalismo introducen diversos paradigmas culturales, cuestionando las nociones tradicionales de identidad y animando a las personas a reconciliar identidades complejas e híbridas.

La interacción dinámica entre cultura, sociedad e identidad subraya la naturaleza del desarrollo de la identidad. Es esencial que las personas examinen críticamente y concilien las influencias culturales y sociales para fomentar un sentido de identidad auténtico e integrado. Al reconocer la naturaleza multifacética de la identidad, las personas pueden gestionar las complejidades de los impactos culturales y sociales, aceptando sus identidades únicas y fomentando la empatía y la comprensión hacia la diversidad de la experiencia humana.

7. El papel de la tecnología en la configuración de las identidades modernas:

Desde la infancia hasta la adultez avanzada, las personas se ven cada vez más influenciadas por la omnipresencia de la tecnología en su vida diaria. La proliferación de plataformas de redes sociales, comunidades en línea y herramientas de comunicación digital ha revolucionado la forma en que las personas forman, expresan y desarrollan sus identidades.

Durante la infancia, la exposición a la tecnología comienza a una edad temprana, cuando los niños acceden a dispositivos interactivos e interactúan con contenido digital. Esta exposición temprana impacta significativamente en el desarrollo de su identidad, a medida que se adaptan a las complejidades de las interacciones virtuales y los entornos digitales. A medida que avanzan hacia la adolescencia, la integración de la tecnología se acentúa aún más, amplificando la influencia de las dinámicas entre pares, las identidades en línea y las redes sociales virtuales en su identidad.

La transición a la adultez emergente se caracteriza por una mayor dependencia de la tecnología para la autoexpresión, el desarrollo de la marca personal y la exploración de la identidad. Los jóvenes adultos aprovechan las plataformas digitales para definir su identidad en línea, buscar validación y conectar con personas afines, lo que contribuye a la naturaleza multifacética de sus identidades en evolución. Además, el panorama digital ofrece oportunidades para la experimentación y la superación de límites, lo que permite a las personas explorar facetas de su identidad que podrían verse limitadas en entornos presenciales.

A medida que las personas se adentran en la edad adulta, la interrelación entre tecnología e identidad continúa ejerciendo un profundo impacto. Las redes sociales, los perfiles profesionales en línea y los portafolios digitales se vuelven fundamentales para moldear la identidad profesional, influyendo en el desarrollo profesional y la creación de redes. Además, el aumento del consumo digital y las actividades en línea contribuye a la formación de identidades de estilo de vida, ya que las personas se integran en comunidades virtuales centradas en aficiones, intereses y creencias.

El papel de la tecnología en la formación de las identidades modernas trasciende las fronteras generacionales e influye en la forma en que las personas mayores interactúan con las herramientas digitales para mantener conexiones sociales, continuar su aprendizaje permanente y consolidar su presencia digital. La interacción dinámica entre la tecnología y la evolución de la identidad subraya la necesidad de una reflexión continua y un análisis crítico de las implicaciones de la inmersión digital en la formación de la identidad individual.

Moratoria psicosocial

1. Contexto histórico y su relevancia:

El término "moratoria" fue introducido por primera vez por Erik Erikson como parte de su teoría psicosocial del desarrollo. Su obra pionera a mediados del siglo XX sentó las bases para el estudio de la formación de la identidad y los desafíos que enfrentan las personas al progresar a través de las etapas clave del desarrollo. Su conceptualización de la moratoria se vio influenciada por el entorno sociocultural de su época, caracterizado por importantes convulsiones sociales y políticas, que tuvieron un profundo impacto en la identidad individual y el autodescubrimiento. Además, las raíces de la moratoria también se remontan al campo de la antropología y a los ritos de paso presentes en diversas culturas y sociedades a lo largo de la historia. Estos ritos a menudo marcaban un período de transición y exploración para las personas, lo que significaba la suspensión temporal de los roles y expectativas sociales para buscar el autodescubrimiento y el crecimiento personal. Este contexto histórico subraya la perdurable relevancia del concepto de moratoria en la sociedad contemporánea. Además, reconocer los orígenes históricos de la moratoria nos permite apreciar las diversas influencias culturales y sociales que continúan dando forma a las experiencias de las personas mientras luchan con la formación de la identidad y la exploración existencial.

2. La perspectiva de Erikson:

Según Erik Erikson, la moratoria psicosocial es un período durante el cual las personas se embarcan en un periodo de exploración y experimentación sin comprometerse con roles o responsabilidades específicas. En esta fase, las personas exploran diversas posibilidades en cuanto a su carrera, valores, creencias y relaciones, con el objetivo de sentar las bases de su identidad.

Un aspecto central de la perspectiva de Erikson es la idea de que la moratoria psicosocial sirve como vehículo esencial para el desarrollo de la identidad. Consideraba este período como una fase crucial y normativa en la vida de una persona, especialmente durante la adolescencia y la adultez temprana. Erikson argumentaba que durante la moratoria, las personas tienen la oportunidad de reflexionar sobre sus fortalezas y debilidades personales, las expectativas sociales y sus posibles caminos vitales antes de asumir compromisos duraderos.

Erikson enfatizó la importancia de las interacciones y relaciones sociales durante la moratoria. Creía que las interacciones con compañeros, mentores y modelos a seguir desempeñan un papel fundamental en la formación de la comprensión que cada individuo tiene de sí mismo y de su lugar en la comunidad. A través de estos intercambios sociales, las personas pueden comprender diversos roles y posibles caminos, contribuyendo así a la síntesis de su identidad emergente.

La perspectiva de Erikson sobre la moratoria también subraya la interacción entre los procesos cognitivos y emocionales durante esta fase. Propuso que las personas experimentan una combinación de entusiasmo, ansiedad y dudas al afrontar las complejidades de la exploración de la identidad. La capacidad cognitiva para visualizar identidades y trayectorias vitales potenciales se entrelaza con las respuestas emocionales, lo que da lugar a un diálogo interno dinámico a medida que las personas sopesan diferentes posibilidades y posibles resultados.

El modelo de Erikson sugiere que la superación exitosa de la moratoria sienta las bases para el logro de una identidad cohesiva y estable en etapas posteriores del desarrollo. Esta noción se alinea con la teoría más amplia de Erikson sobre el desarrollo psicosocial, que enfatiza la naturaleza continua de la formación de la identidad a lo largo de la vida y la influencia de las experiencias previas en las etapas posteriores.

3. El papel de la exploración en la formación de la identidad:

La formación de la identidad es un proceso complejo y dinámico vinculado al concepto de moratoria psicosocial. Un componente crucial de este proceso es la exploración, que sirve como mecanismo fundamental para que las personas gestionen los diversos aspectos de su identidad. Según la teoría psicosocial de Erik Erikson, la adolescencia se caracteriza por un mayor enfoque en la exploración y la autocomprensión dentro del contexto social más amplio. Esta exploración implica profundizar en diferentes roles, valores, creencias y aspiraciones para discernir el lugar que uno ocupa en la sociedad.

La exploración fomenta el autodescubrimiento y la autodefinición, permitiendo a las personas ampliar sus horizontes y poner a prueba sus límites. Les anima a cuestionar las normas y expectativas sociales existentes, y a contemplar su lugar único en el mundo. A través de la exploración, las personas interactúan activamente con diferentes ideologías, culturas y experiencias, ampliando sus perspectivas y moldeando su identidad.

El proceso de exploración en la formación de la identidad es multifacético y abarca tanto la introspección interna como la interacción externa. Internamente, las personas lidian con sus pensamientos, emociones y deseos en constante evolución, buscando coherencia y congruencia consigo mismas. Cuestionan sus fortalezas, debilidades, pasiones y miedos mientras se esfuerzan por construir una identidad cohesiva que se alinee con su comprensión del mundo en constante evolución. Externamente, las personas buscan diversos contextos sociales, relaciones y entornos que faciliten la exploración de nuevas oportunidades y posibilidades. Esta exploración externa les permite interactuar con diferentes dimensiones culturales, socioeconómicas e interpersonales, refinando su autopercepción y consolidando sus valores e ideales.

El papel de la exploración va más allá del mero autoexamen; también abarca la negociación de identidades conflictivas y la reconciliación de múltiples facetas del Yo. A medida que las personas se adentran en territorios desconocidos y participan en diversas actividades, se enfrentan a desafíos y contradicciones que las impulsan a reconsiderar sus creencias y suposiciones. Esta interacción entre exploración y adaptación facilita el crecimiento personal, permitiéndoles asimilar nuevas perspectivas y refinar su comprensión de quiénes son y en quiénes aspiran a convertirse.

4. Influencias culturales y sociales en la moratoria:

En diferentes culturas y sociedades, las expectativas, oportunidades y desafíos que enfrentan las personas durante su período de moratoria varían significativamente, lo que influye en el desarrollo de su identidad y bienestar psicológico. Los valores, normas y tradiciones culturales desempeñan un papel fundamental al influir en la disposición y la capacidad de una persona para explorar y experimentar durante la moratoria.

En algunas culturas, puede haber un fuerte énfasis en las responsabilidades familiares y la conformidad con las normas establecidas, lo que puede facilitar o dificultar el proceso de moratoria. Por ejemplo, en sociedades colectivistas, la presión para adaptarse a los roles y valores tradicionales prescritos por la comunidad puede limitar la libertad de exploración, lo que lleva a una experiencia de moratoria más prolongada o conflictiva. Por el contrario, en culturas individualistas, donde se valora la autonomía personal y el autodescubrimiento, las personas pueden sentirse más empoderadas para explorar diversos caminos durante esta fase de desarrollo.

Las estructuras e instituciones sociales, como los sistemas educativos, las condiciones socioeconómicas y el acceso a los recursos, también influyen significativamente en la experiencia de la moratoria. La inestabilidad económica, el acceso limitado a la educación y a las oportunidades profesionales, así como la desigualdad social, pueden crear barreras adicionales para las personas en su búsqueda de la exploración y el autodescubrimiento. Estos factores externos pueden afectar la duración y la duración de la moratoria, así como el grado de estrés e incertidumbre que las personas pueden enfrentar durante esta fase crucial del desarrollo.

5. Desafíos y confusiones durante la moratoria:

Atravesar la moratoria psicosocial conlleva inevitablemente una multitud de desafíos y confusiones que las personas deben afrontar en su camino hacia la formación de su identidad. Uno de los principales desafíos durante esta fase es la abrumadora presión para tomar decisiones sobre su futuro, incluyendo la elección de su carrera profesional, su trayectoria educativa y sus relaciones personales. El peso de estas decisiones puede generar ansiedad, incertidumbre y dudas, a medida que los jóvenes adultos lidian con la complejidad de conciliar sus aspiraciones con las expectativas sociales.

El conflicto entre la exploración y el compromiso puede ser particularmente desconcertante durante el período de moratoria. A medida que las personas se involucran en diversas experiencias para comprenderse mejor a sí mismas y al mundo que las rodea, pueden sentirse divididas entre el deseo de autonomía y la necesidad de estabilidad. Esta lucha interna puede generar sentimientos de ambivalencia y confusión al intentar conciliar las exigencias contrapuestas de la exploración y el compromiso.

Las normas sociales y las influencias culturales pueden exacerbar los desafíos que se enfrentan durante la moratoria. Las expectativas de la familia, los pares y las estructuras sociales más amplias pueden generar niveles adicionales de estrés y confusión para quienes se esfuerzan por forjar sus identidades únicas. El choque entre tradición y modernidad, o el choque entre las aspiraciones individuales y los valores comunitarios, puede intensificar la agitación interna que se experimenta durante este período de desarrollo.

La aparición de roles y responsabilidades conflictivas también supone un desafío importante durante la moratoria. Los jóvenes adultos pueden encontrarse haciendo malabarismos con sus estudios, compromisos laborales, relaciones interpersonales y crecimiento personal, lo que a menudo les genera una sensación de presión abrumadora y prioridades contradictorias. Esta situación de malabarismo puede generar sentimientos de desorientación y ambigüedad a medida que las personas se esfuerzan por comprender sus identidades en constante evolución entre diversos roles sociales y personales.

6. Moratoria psicosocial en las diferentes etapas de la vida:

El concepto de moratoria psicosocial se adentra en el período crítico durante el cual las personas experimentan un proceso de exploración y desarrollo de su identidad. Este fenómeno psicológico se extiende más allá de los años formativos de la adolescencia y permea diversas etapas de la vida, cada una con desafíos y oportunidades de crecimiento únicos. A medida que las personas transitan de la adolescencia a la adultez temprana, la moratoria psicosocial continúa ejerciendo su influencia, aunque con diferentes manifestaciones. Durante la adultez temprana, las personas pueden lidiar con decisiones relacionadas con la educación, la elección de una carrera y la formación de relaciones íntimas. Las presiones para lograr la independencia financiera y asumir responsabilidades sociales contribuyen aún más a la complejidad de esta fase del desarrollo. A medida que estos jóvenes adultos se enfrentan a las exigencias e incertidumbres de la adultez temprana, se enfrentan a profundas preguntas sobre su identidad y su propósito en la vida. Además, deben conciliar sus aspiraciones con las expectativas sociales, lo que les lleva a una mayor introspección y evaluación. Al llegar a la adultez media, la moratoria psicosocial persiste, aunque con características distintivas. Las personas en esta etapa suelen reevaluar sus logros, relaciones y su contribución general a la sociedad. Pueden enfrentar crisis de la mediana edad o eventos cruciales que les impulsen a reexaminar sus decisiones pasadas y sus trayectorias futuras. La perspectiva del envejecimiento y la mortalidad puede infundir en esta etapa un sentido de urgencia, impulsando a las personas a reflexionar sobre sus legados y a perseguir aspiraciones incumplidas. Además, en medio de las responsabilidades profesionales y familiares, las personas en la adultez media pueden buscar recuperar elementos de su identidad personal que previamente habían sido relegados. Finalmente, en la adultez tardía, la moratoria psicosocial adquiere un carácter retrospectivo, a medida que las personas reflexionan sobre sus experiencias vitales, relaciones y el impacto duradero de sus contribuciones a la sociedad. Las etapas posteriores de la vida ofrecen una oportunidad de integración, aceptación y resolución, a medida que las personas se esfuerzan por construir una narrativa coherente de sus vidas. Esta fase también implica la contemplación de la propia mortalidad y el examen de las preocupaciones existenciales. Además, la moratoria psicosocial durante la adultez tardía abarca la asimilación de la historia y el legado personal, el fomento de la generatividad y la aceptación de la sabiduría adquirida a lo largo de toda una vida de experiencias. A lo largo de estas diversas etapas de la vida, la moratoria psicosocial subraya el proceso perpetuo de desarrollo de la identidad y el profundo viaje hacia el autodescubrimiento y la realización personal.

7. Impacto de la moratoria en el desarrollo de los adultos:

La moratoria psicosocial, conceptualizada por Erik Erikson, influye significativamente en el desarrollo adulto. Este período de exploración y formación de la identidad en la adolescencia sienta las bases para el futuro crecimiento psicosocial y presenta impactos duraderos en la vida de la persona. A medida que los jóvenes adultos se convierten en adultos, las experiencias y decisiones tomadas durante la fase de moratoria continúan resonando, moldeando sus trayectorias personales y profesionales. El impacto de la moratoria en el desarrollo adulto se puede observar en diversos ámbitos, como la elección de carrera profesional, las relaciones interpersonales y el bienestar general.

Un área notable donde el impacto de la moratoria es evidente es el desarrollo profesional. Durante la moratoria, las personas realizan actividades exploratorias, buscando comprender sus intereses, valores y fortalezas. Esta autoexploración a menudo sienta las bases para las trayectorias profesionales que seguirán en la edad adulta. Quienes superan la moratoria con éxito y una identidad clara tienden a tomar decisiones profesionales más informadas, alineando su vida profesional con sus valores y aspiraciones fundamentales. Por el contrario, las luchas de identidad no resueltas a raíz de la moratoria pueden generar insatisfacción profesional, ya que las personas pueden encontrarse en ocupaciones que no se identifican con su yo auténtico.

Además, la resolución exitosa de la moratoria fomenta el desarrollo de relaciones sólidas y seguras. Las personas que han pasado por un período de exploración y consolidación de la identidad están mejor preparadas para forjar vínculos íntimos basados en la autenticidad y la comprensión mutua. Por el contrario, los problemas de la moratoria no resueltos pueden obstaculizar la formación de relaciones saludables, ya que los conflictos de identidad no resueltos pueden impedir la capacidad de establecer vínculos emocionales genuinos con los demás.

El impacto de la moratoria en el desarrollo adulto también se evidencia en el bienestar psicológico general. Quienes han gestionado eficazmente la moratoria y han alcanzado un sentido de identidad coherente tienden a mostrar mayores niveles de autoestima, sentido de propósito y resiliencia psicológica. Por el contrario, quienes lidian con las persistentes incertidumbres de identidad derivadas de la moratoria pueden experimentar mayores niveles de ansiedad, confusión y angustia existencial, lo que afecta su salud mental y estabilidad emocional en general.

ARGUMENTOS A FAVOR DE LA TEORÍA DE ERIKSON

Evidencia fundamental de estudios longitudinales

La Teoría del Desarrollo Psicosocial ha obtenido un respaldo sustancial de estudios longitudinales que han monitoreado a individuos a lo largo de su vida. Estos estudios proporcionan evidencia contundente de la validez de la teoría y ofrecen valiosas perspectivas sobre la naturaleza dinámica del desarrollo psicosocial. Mediante la observación de individuos durante períodos prolongados, los investigadores han podido mapear la progresión de las etapas psicosociales e identificar patrones consistentes de crecimiento y desafíos. Los estudios longitudinales han demostrado cómo la resolución de las crisis psicosociales en cada etapa contribuye al bienestar general y la adaptación psicológica del individuo. Además, estos estudios han resaltado la interacción entre los procesos internos de desarrollo y las influencias ambientales externas, arrojando luz sobre los complejos determinantes del desarrollo psicosocial. El uso de metodologías de investigación rigurosas, como evaluaciones estandarizadas y entrevistas en profundidad, ha permitido a los investigadores captar los matices de las experiencias psicosociales de los individuos a lo largo del tiempo, reforzando aún más la base empírica de la teoría. Asimismo, los estudios longitudinales han revelado la interconexión del desarrollo psicosocial con otros dominios del funcionamiento, incluyendo los aspectos cognitivos, emocionales e interpersonales. Mediante la recopilación y el análisis exhaustivos de datos, los investigadores han dilucidado las vías por las que los rasgos psicosociales evolucionan e interactúan con diversas circunstancias vitales. Además, la investigación longitudinal ha facilitado la identificación de factores de riesgo y de protección que contribuyen al éxito en la transición a través de las etapas psicosociales, aportando información valiosa para las estrategias de intervención y apoyo. En general, el acervo de conocimientos derivado de los estudios longitudinales no solo corrobora los principios de la Teoría del Desarrollo Psicosocial, sino que también enriquece nuestra comprensión de las complejidades inherentes al desarrollo y la adaptación humanos.

Validación transcultural de los estadios psicosociales

La validación transcultural de las etapas psicosociales es esencial para comprender la aplicabilidad universal y la especificidad cultural de la teoría de Erikson. La investigación comienza examinando estudios etnográficos longitudinales que capturaron las narrativas y las trayectorias de desarrollo de individuos de distintas comunidades culturales. A través de estos estudios, los investigadores han identificado congruencias en la secuencia y resolución de las crisis psicosociales entre culturas, lo que resalta la universalidad de los procesos de desarrollo humano. Sin embargo, igualmente significativos son los matices culturalmente específicos que influyen en las manifestaciones de las etapas psicosociales. Estas variaciones subrayan la importancia de considerar el contexto cultural al interpretar y aplicar la teoría de Erikson en diversos entornos.

La interacción dinámica entre las influencias culturales a nivel macro y el desarrollo individual a lo largo de la vida revela un rico entramado de experiencias humanas. A partir de estos conocimientos, podemos refinar nuestra comprensión de cómo los factores culturales influyen en la formación de la identidad, las relaciones interpersonales y los mecanismos de afrontamiento a lo largo de las diferentes etapas psicosociales. Además, el énfasis en la resiliencia, la adaptación y la hibridez cultural frente a los desafíos y las adversidades es fundamental para comprender la manifestación transcultural de las etapas psicosociales.

Además, se considera el papel de la aculturación, la globalización y la migración en la configuración del desarrollo psicosocial, arrojando luz sobre la naturaleza evolutiva de las identidades culturales y su interacción con las etapas de Erikson. Al evaluar críticamente la evidencia transcultural, podemos fortalecer la inclusividad y la relevancia de la teoría del desarrollo psicosocial al abordar las complejidades de la experiencia humana en diversos contextos culturales.

Influencia en la formación de la identidad y el desarrollo de la vida

A medida que las personas progresan por las etapas psicosociales de Erikson, sus experiencias e interacciones moldean su identidad y contribuyen a su desarrollo integral a lo largo de su vida. Uno de los principios centrales de la teoría de Erikson es la noción de la formación de la identidad como una tarea clave del desarrollo durante la adolescencia y la adultez temprana. Este período se caracteriza por la etapa psicosocial de identidad versus confusión de rol, en la que las personas buscan establecer un sentido coherente de sí mismas y lidian con cuestiones de propósito, autonomía y pertenencia. La resolución exitosa de esta etapa sienta las bases para una identidad positiva y adaptativa, que permite a las personas afrontar los desafíos futuros con resiliencia y confianza. Además, la influencia del desarrollo psicosocial se extiende más allá de la adolescencia, y continúa moldeando la percepción que las personas tienen de sí mismas y de su lugar en el mundo a lo largo de toda su vida. Erikson propuso que cada etapa de la vida presenta crisis psicosociales únicas, y la gestión exitosa de estos desafíos contribuye al desarrollo continuo de la identidad y al bienestar psicológico. Esto subraya el profundo impacto del desarrollo psicosocial en la autopercepción, las relaciones interpersonales y la satisfacción vital general de una persona. Además, el concepto de "desarrollo a lo largo de la vida" en el marco de la teoría psicosocial enfatiza que la formación de la identidad es un proceso continuo, influenciado por diversas experiencias y contextos sociales a lo largo de las diferentes etapas de la vida. Desde la exploración de trayectorias profesionales en la adultez temprana hasta la reevaluación de los valores personales en la mediana edad, la teoría postula que los factores psicosociales desempeñan un papel fundamental en la configuración de las trayectorias de identidad individuales. Comprender la interacción entre el desarrollo psicosocial y la formación de la identidad es esencial para los profesionales que trabajan en psicología, educación y orientación. Proporciona información valiosa sobre las diversas necesidades y desafíos que enfrentan las personas en diferentes etapas del desarrollo, orientando el diseño de intervenciones específicas y entornos de apoyo.

Integración con las teorías del desarrollo cognitivo

Al explorar la interacción entre las etapas psicosociales de Erikson y marcos de referencia del desarrollo cognitivo, como la teoría del desarrollo cognitivo de Piaget, los investigadores han descubierto información valiosa sobre los mecanismos que configuran el crecimiento y el comportamiento humanos. En esencia, la teoría del desarrollo cognitivo profundiza en la evolución de los procesos mentales, como la memoria, la resolución de problemas y la toma de decisiones, a lo largo de la vida. El modelo de Piaget, en particular, describe distintas etapas del desarrollo cognitivo, cada una caracterizada por capacidades y limitaciones cognitivas únicas. Al comparar esto con las etapas psicosociales de Erikson, surge una comprensión integral del desarrollo paralelo de las competencias cognitivas y psicosociales.

Un aspecto de la integración reside en la identificación de la sincronía y la discordancia entre los hitos cognitivos y los correspondientes desafíos psicosociales en las diferentes etapas de la vida. Por ejemplo, durante la etapa preoperacional de Piaget, caracterizada por el egocentrismo y el pensamiento mágico en los niños, la etapa de iniciativa versus culpa de Erikson se alinea estrechamente, enfatizando el creciente sentido de propósito y la interacción social. Estos paralelismos proporcionan una comprensión matizada de cómo las capacidades cognitivas se entrelazan con las experiencias psicosociales durante los años de formación.

La naturaleza complementaria de estas teorías permite a investigadores y profesionales construir estrategias de intervención holísticas dirigidas a promover el bienestar cognitivo y psicosocial. Al reconocer la interdependencia de los factores cognitivos y psicosociales, los psicólogos pueden diseñar intervenciones que faciliten el crecimiento simultáneo en todos los ámbitos, beneficiando así el desarrollo integral de las personas.

La integración de las teorías del desarrollo cognitivo con las perspectivas psicosociales profundiza nuestra comprensión de fenómenos complejos como la formación de la identidad, el razonamiento moral y las estrategias de afrontamiento adaptativas. Esta síntesis ilustra la interacción dinámica entre los procesos cognitivos implicados en la toma de decisiones y la gestión psicosocial de los conflictos y las relaciones. Reconocer estas interconexiones enriquece la práctica clínica al promover evaluaciones e intervenciones integrales que abordan las necesidades multifacéticas del desarrollo.

Relevancia para la práctica psicológica moderna

La relevancia de la teoría del desarrollo psicosocial de Erikson para la práctica psicológica moderna es profunda y trascendental. Esta teoría proporciona un marco integral para comprender el desarrollo humano a lo largo de la vida, lo cual tiene importantes implicaciones para la psicología clínica, la consejería y la terapia. Al reconocer la interacción dinámica entre los procesos psicológicos internos del individuo y su entorno social externo, esta teoría ofrece valiosas perspectivas sobre la naturaleza multifacética del comportamiento y la experiencia humanos.

En la práctica psicológica moderna, la aplicación de la teoría de Erikson trasciende la psicología del desarrollo tradicional y abarca diversos campos especializados. Por ejemplo, en evaluaciones e intervenciones clínicas, comprender las etapas psicosociales puede facilitar el diagnóstico y el tratamiento de personas con problemas psicológicos complejos. Reconocer cómo los conflictos no resueltos en diferentes etapas pueden manifestarse en patrones de comportamiento específicos o desafíos emocionales puede orientar los enfoques terapéuticos para abordar las necesidades subyacentes del desarrollo.

Además, el concepto de formación de la identidad, tema central en la teoría de Erikson, cobra especial relevancia en las prácticas de consejería contemporáneas. Comprender cómo las crisis de identidad o la confusión de roles pueden contribuir a problemas de salud mental, como la depresión o la ansiedad, permite a consejeros y terapeutas facilitar la exploración del autoconcepto de los pacientes y promover estrategias de afrontamiento adaptativas.

Más allá de la terapia individual, la teoría de Erikson fundamenta la terapia de grupo y las intervenciones comunitarias al enfatizar la importancia de las interacciones sociales y las redes de apoyo para fomentar un desarrollo psicosocial saludable. Además, el énfasis de la teoría en la generatividad, el deseo de contribuir positivamente a la sociedad, ofrece un principio rector para los programas comunitarios destinados a promover el bienestar mental y la integración social.

La integración de la teoría de Erikson con otros marcos psicológicos, como las teorías cognitivas y conductuales, enriquece la versatilidad de la práctica psicológica moderna. Al reconocer la interacción entre el desarrollo cognitivo y las experiencias psicosociales, los psicólogos pueden abordar la evaluación y la intervención desde una perspectiva holística, abordando tanto el funcionamiento cognitivo como las necesidades socioemocionales.

Respaldo empírico de estudios de casos clínicos

Los estudios de caso clínicos han desempeñado un papel fundamental en el respaldo empírico de la teoría del desarrollo psicosocial de Erikson. Al examinar las trayectorias de desarrollo individuales mediante una observación minuciosa, psicólogos clínicos e investigadores han descubierto evidencia convincente que concuerda con la naturaleza secuencial de las etapas propuestas por Erikson. Estos estudios de caso a menudo profundizan en las complejidades y matices de las experiencias personales, arrojando luz sobre cómo las personas gestionan y gestionan los desafíos planteados en cada etapa.

Un aspecto llamativo que se evidencia en estos estudios de caso es la coherencia entre el marco teórico y las experiencias de la vida real. Por ejemplo, al explorar la etapa de la adolescencia, caracterizada por el conflicto entre la identidad y la confusión de roles, numerosos estudios de caso han ilustrado las luchas y los triunfos de los adolescentes al abordar cuestiones de identidad propia, aceptación de los pares y expectativas sociales. A través de narrativas detalladas de experiencias individuales, surgen patrones que corroboran las afirmaciones de Erikson sobre la importancia crucial de esta fase para la formación del futuro bienestar psicosocial de una persona.

Por otro lado, los estudios de casos clínicos ofrecen una perspectiva multifacética para examinar el impacto de los factores ambientales y las relaciones interpersonales en el desarrollo psicosocial. Aclaran la interacción entre las predisposiciones innatas y las influencias externas, subrayando la interrelación dinámica entre la biología y el entorno. Al documentar casos en diversos contextos culturales y socioeconómicos, los investigadores han podido discernir temas universales, a la vez que aprecian las manifestaciones únicas de los desafíos psicosociales en contextos específicos.

Lo que distingue a los estudios de casos clínicos es su capacidad para capturar la rica complejidad de las experiencias humanas, presentando relatos conmovedores de resiliencia, vulnerabilidad y crecimiento. Estas narrativas no solo corroboran los principios teóricos del desarrollo psicosocial, sino que también contribuyen a una comprensión más matizada de las complejidades inherentes a cada etapa. A través de estas ilustraciones del mundo real, los conceptos abstractos esbozados por Erikson adquieren una textura palpable y cercana, lo que refuerza su relevancia para comprender el desarrollo humano.

Correlaciones con los resultados educativos

El marco de Erikson enfatiza el papel fundamental de la formación de la identidad, las relaciones interpersonales y la autonomía en la configuración del enfoque individual hacia el aprendizaje y el rendimiento académico. Fundamentalmente, las primeras etapas del desarrollo psicosocial, que incluyen la confianza frente a la desconfianza, la autonomía frente a la vergüenza y la duda, y la iniciativa frente a la culpa, sientan las bases para futuras experiencias educativas. Un niño que resuelve con éxito los conflictos en estas etapas tiene mayor probabilidad de desarrollar una actitud positiva hacia la escuela, mostrar mayor motivación por el aprendizaje y poseer un sentido de autoeficacia en sus esfuerzos académicos. Por el contrario, los desafíos psicosociales no resueltos durante estos años formativos pueden generar dificultades para participar en el proceso educativo, lo que afecta los resultados del aprendizaje.

Las etapas posteriores de identidad versus confusión de roles, intimidad versus aislamiento, y generatividad versus estancamiento ofrecen perspectivas sobre la preparación de una persona para participar en la educación superior, la formación profesional y el aprendizaje permanente. La superación exitosa de estas etapas fomenta el desarrollo de un fuerte sentido de identidad, vínculos interpersonales saludables y una propensión al crecimiento personal e intelectual continuo. Como resultado, quienes han superado estas etapas con éxito probablemente demostrarán resiliencia para adaptarse a las exigencias de la educación superior y el desarrollo profesional.

La investigación en psicología educativa ha aportado evidencia contundente sobre la relación entre el desarrollo psicosocial y el rendimiento académico. Estudios longitudinales han demostrado sistemáticamente que los estudiantes que muestran un fuerte sentido de identidad, competencia social y regulación emocional, atribuidos a una maduración psicosocial exitosa, tienen mayor probabilidad de destacar académicamente. Además, la capacidad de forjar relaciones significativas, empatizar con los demás y gestionar conflictos con soltura, todo ello influenciado por factores psicosociales, se ha asociado con un mejor rendimiento social y académico en entornos educativos.

La integración de la teoría del desarrollo psicosocial con la práctica educativa ha dado lugar a intervenciones innovadoras destinadas a fomentar el desarrollo integral del alumnado. Las instituciones educativas reconocen cada vez más la importancia de abordar las necesidades psicosociales de los estudiantes junto con la instrucción académica para optimizar los resultados de aprendizaje. Al crear entornos propicios que fomenten las competencias psicosociales de los estudiantes, los educadores pueden mejorar su bienestar general, su resiliencia emocional y sus capacidades cognitivas, lo que se traduce en mejores resultados educativos.

Contribución a la comprensión de los comportamientos sociales

Al enfatizar la interacción entre las necesidades psicológicas individuales y las interacciones sociales externas, la teoría de Erikson ofrece un marco integral para comprender cómo las experiencias socioemocionales de un individuo moldean sus comportamientos e interacciones con los demás. Una de las contribuciones fundamentales de esta teoría reside en la elucidación del papel crucial de las relaciones sociales para fomentar un desarrollo saludable. A través del enfoque de las etapas psicosociales, obtenemos información sobre las dinámicas de la confianza, la autonomía, la iniciativa, la laboriosidad, la identidad, la intimidad, la generatividad y la integridad, cada una de las cuales desempeña un papel fundamental en la configuración de los comportamientos sociales en las diferentes etapas de la vida. El énfasis de Erikson en el proceso de formación de la identidad enriquece aún más nuestra comprensión de cómo los individuos gestionan las complejidades de las expectativas sociales, las influencias culturales y las aspiraciones personales al configurar sus roles y comportamientos sociales. Además, la teoría subraya la importancia de resolver los conflictos internos en cada etapa, arrojando luz sobre cómo estas resoluciones impactan directamente en la capacidad del individuo para formar conexiones sociales significativas y participar en comportamientos prosociales. Como tal, nos guía para reconocer la profunda influencia de las experiencias sociales tempranas en las relaciones interpersonales posteriores y la participación social. El modelo de Erikson también extiende su relevancia al estudio de la dinámica de grupo y las estructuras sociales al destacar la conexión entre los logros del desarrollo individual y el tejido social más amplio. Esta perspectiva holística presenta una comprensión matizada de cómo las normas sociales, las identidades colectivas y las prácticas culturales se entrelazan con el crecimiento psicosocial individual, ofreciendo así valiosas perspectivas sobre las complejidades de los comportamientos sociales dentro de diversas comunidades. Además, la aplicación de la teoría más allá del nivel individual sirve de base para un enfoque sistémico para comprender y abordar problemas sociales, como el prejuicio, la discriminación y la desigualdad social. Al enmarcar los comportamientos sociales en el contexto de los procesos de desarrollo a lo largo de la vida, la teoría de Erikson proporciona una justificación convincente para la colaboración interdisciplinaria para abordar los desafíos sociales, promover políticas inclusivas y promover el cambio social.

CONTRAARGUMENTOS CRÍTICOS Y DEBATES

Críticas y respuestas históricas

Históricamente, los críticos han analizado en detalle hasta qué punto las etapas de Erikson se basan en evidencia empírica, señalando la naturaleza subjetiva de muchos de los constructos y la falta de respaldo empírico consistente para la secuencia y la cronología de las etapas. Además, las primeras críticas enfatizaron el sesgo ético y cultural inherente a la formulación de las etapas del desarrollo, cuestionando la universalidad de las etapas propuestas en diversos contextos culturales y sociales. En respuesta a estas críticas, los defensores de la teoría destacaron la extensa investigación cualitativa realizada por el propio Erikson, así como estudios posteriores que han respaldado los principios fundamentales de la teoría. Sin embargo, las críticas históricas siguen siendo relevantes a medida que los académicos contemporáneos continúan examinando y cuestionando los supuestos que sustentan la teoría.

Cabe destacar que las respuestas a las críticas históricas también se han visto influenciadas por los avances en campos interdisciplinarios como la neurociencia, la genética y la sociología. Estos avances han impulsado una reevaluación del marco conceptual del desarrollo psicosocial, y algunos académicos abogan por un enfoque integrador que incorpora las influencias biológicas y socioculturales en el desarrollo humano. Además, la revisión de las críticas históricas ha generado un diálogo continuo sobre el papel de la agencia individual y el determinismo ambiental en la configuración de los resultados psicosociales, enriqueciendo el discurso teórico con perspectivas matizadas sobre las complejidades del desarrollo humano.

Debates sobre teorías basadas en etapas

Las teorías del desarrollo basadas en etapas, incluido el modelo psicosocial de Erikson, han sido objeto de un debate sustancial en el campo de la psicología del desarrollo. Los críticos han planteado diversos argumentos convincentes que cuestionan la validez y la aplicabilidad de estos marcos basados en etapas para comprender el desarrollo humano. Uno de los debates centrales gira en torno a hasta qué punto los individuos progresan universalmente a través de etapas discretas de desarrollo, según lo propuesto por estas teorías. Algunos académicos argumentan que la delimitación rígida de etapas no logra captar la complejidad y la variabilidad individual del desarrollo humano. Destacan que las personas pueden no encajar perfectamente en etapas predeterminadas, y que la progresión a través de las etapas puede variar en función de las experiencias personales, el contexto cultural y las influencias sociales.

Los críticos cuestionan la generalización de las teorías basadas en etapas a diversas poblaciones y culturas. Destacan que el énfasis en las vías normativas de desarrollo en estas teorías ignora la rica diversidad de experiencias humanas y contextos sociales. Esta crítica ha impulsado a los académicos a reconsiderar la universalidad de las secuencias de desarrollo basadas en etapas y a explorar su relevancia en contextos culturales no occidentales.

Otro punto de controversia se refiere a la idoneidad de la evidencia empírica que respalda los marcos basados en etapas. Los críticos cuestionan la solidez de los hallazgos de investigación que fundamentan estas teorías, señalando limitaciones metodológicas y sesgos en los estudios del desarrollo. Argumentan que el enfoque basado en etapas puede simplificar excesivamente las complejidades del desarrollo humano y abogan por una comprensión más matizada que integre las diferencias individuales, los factores contextuales y los procesos dinámicos del desarrollo.

Los debates sobre las teorías basadas en etapas se extienden a las implicaciones prácticas para las intervenciones y los mecanismos de apoyo. Los críticos enfatizan las posibles deficiencias de aplicar marcos rígidos basados en etapas en entornos educativos y clínicos, en particular al abordar las necesidades y los desafíos únicos de personas con diversos orígenes y trayectorias de desarrollo. Abogan por un enfoque más flexible e inclusivo que tenga en cuenta la multidimensionalidad del desarrollo humano y reconozca la influencia de los factores sociales y ambientales.

En respuesta a estos debates críticos, quienes defienden las teorías basadas en etapas han defendido su utilidad, destacando el valor heurístico de identificar los hitos del desarrollo y el papel de estos marcos para proporcionar un marco estructurado que permita comprender el crecimiento humano. Reconocen la necesidad de flexibilidad en la aplicación de estas teorías y enfatizan su capacidad de adaptación y perfeccionamiento para dar cabida a diversas perspectivas y hallazgos empíricos. Además, subrayan la importancia de la investigación continua y la colaboración interdisciplinaria para abordar las limitaciones y enriquecer los fundamentos teóricos de los modelos de desarrollo basados en etapas.

Desarrollo psicosocial y diferencias individuales

Si bien la teoría de Erikson describe las ocho etapas del desarrollo psicosocial, es fundamental reconocer el importante papel de las diferencias individuales en este marco. Los matices y variaciones en las experiencias, temperamentos y trasfondos culturales individuales contribuyen a la rica complejidad del desarrollo personal, cuestionando la homogeneidad que a menudo implican las teorías basadas en etapas.

Las diferencias individuales abarcan diversos factores, como el temperamento, la inteligencia, las predisposiciones genéticas y las experiencias personales, entre otros. Estas variables influyen en cómo las personas perciben y se relacionan con el mundo social, impactando así su progresión a través de las etapas psicosociales. Además, la interacción dinámica entre la naturaleza y la crianza subraya aún más la compleja relación entre las diferencias individuales y el desarrollo psicosocial.

Un aspecto crucial para comprender las diferencias individuales en el contexto del desarrollo psicosocial es reconocer las diversas trayectorias que las personas pueden recorrer dentro de una misma etapa. Si bien las etapas de Erikson proporcionan un valioso marco general, las personas pueden manifestar rasgos, mecanismos de afrontamiento y trayectorias de desarrollo únicos en función de sus personalidades distintivas e interacciones con el entorno. Esta variabilidad cuestiona la noción de resultados de desarrollo uniformes dentro de cada etapa y enfatiza la importancia de reconocer y atender las diversidades individuales.

La intersección de las diferencias individuales con las influencias culturales amplifica la complejidad del desarrollo psicosocial. Las normas culturales, los sistemas de creencias y las prácticas sociales influyen significativamente en las experiencias individuales y las transiciones psicosociales. La interacción entre la identidad cultural y el desarrollo psicosocial subraya la necesidad de un enfoque matizado que integre la diversidad cultural en los fundamentos teóricos del desarrollo psicosocial.

Reconocer las diferencias individuales también tiene profundas implicaciones para la práctica clínica y las estrategias de intervención. Los enfoques terapéuticos basados en la comprensión de las diversidades individuales pueden atender las necesidades y fortalezas específicas de cada persona, fomentando intervenciones más eficaces y personalizadas. Además, la consideración de las diferencias individuales puede enriquecer la evaluación e interpretación de las dinámicas psicosociales, promoviendo una comprensión integral del desarrollo humano más allá de las transiciones de etapa generalizadas.

Relevancia cultural y desafíos

El impacto de la cultura en las experiencias, valores y normas individuales no puede subestimarse al considerar las etapas de desarrollo propuestas por Erikson. Los desafíos surgen de la diversidad de contextos culturales y los posibles sesgos en la interpretación y aplicación de la teoría en diversos entornos culturales.

Uno de los desafíos fundamentales para evaluar la relevancia cultural es el potencial etnocentrismo, donde los supuestos y perspectivas de la propia cultura se utilizan como base para comprender y juzgar otras culturas. Esto puede llevar a interpretaciones erróneas y a una simplificación excesiva de dinámicas culturales complejas, lo que limita la aplicabilidad de la teoría del desarrollo psicosocial en poblaciones diversas.

La cultura influye de forma diferente en la manifestación y percepción de los hitos del desarrollo. Las normas y expectativas culturales moldean los comportamientos, la exploración de la identidad y las relaciones interpersonales de las personas, impactando su progreso a través de las etapas de Erikson. Por ejemplo, la noción de autonomía e independencia puede tener un valor diferente en culturas colectivistas que en culturas individualistas, lo que plantea importantes desafíos para definir y evaluar los resultados del desarrollo correspondientes.

La importancia del contexto cultural también se extiende a la identificación de los desafíos y crisis psicosociales que enfrentan las personas en entornos culturales específicos. Lo que constituye una crisis en una cultura podría no tener la misma relevancia en otra, lo que genera variaciones en el impacto percibido y las implicaciones de las etapas del desarrollo psicosocial. Además, la interseccionalidad de la cultura con otras identidades sociales, como la raza, la etnia, la religión y el nivel socioeconómico, complica aún más la comprensión de la relevancia cultural en el marco de la teoría del desarrollo psicosocial.

Abordar estos desafíos requiere un enfoque multifacético que reconozca el dinamismo de la cultura y su influencia en el desarrollo humano. Investigadores y profesionales deben participar en el diálogo intercultural, buscar activamente perspectivas diversas y mantenerse alertas contra los estereotipos o la generalización de prácticas y creencias culturales. Además, la integración de métodos cualitativos y enfoques de investigación participativa puede proporcionar una comprensión profunda de las experiencias vividas y los matices culturales que configuran la progresión de las personas a través de las etapas psicosociales. Adoptar la humildad cultural y la reflexividad resulta fundamental para garantizar que la teoría siga siendo sensible y aplicable en diversos contextos socioculturales.

Preocupaciones metodológicas en la investigación

La metodología de investigación es un aspecto fundamental para el avance del conocimiento en cualquier campo, y el estudio del desarrollo psicosocial no es la excepción. Sin embargo, al examinar el desarrollo psicosocial, los investigadores se enfrentan a diversas preocupaciones metodológicas que afectan la validez y fiabilidad de sus hallazgos. Es crucial evaluar críticamente estas preocupaciones para garantizar que la investigación contribuya significativamente a la comprensión del desarrollo humano. Una de las principales preocupaciones metodológicas en la investigación sobre desarrollo psicosocial se refiere a la medición de constructos clave. Conceptos como la formación de la identidad, la intimidad y la generatividad son inherentemente complejos y multidimensionales. Por lo tanto, el desarrollo de medidas fiables y válidas para estos constructos plantea importantes desafíos. Los investigadores deben emplear rigurosos procedimientos de validación y pruebas psicométricas para garantizar que los instrumentos utilizados en sus estudios capturen con precisión las dimensiones previstas del desarrollo psicosocial. Otra preocupación crítica gira en torno a la naturaleza longitudinal del desarrollo psicosocial. Estudiar los procesos de desarrollo a lo largo del tiempo requiere una planificación meticulosa, una participación sostenida de los participantes y métodos robustos de recopilación de datos. La deserción y el abandono de los participantes pueden amenazar la validez interna y externa de los estudios longitudinales, lo que requiere estrategias proactivas para mitigar estos problemas. Además, no se pueden pasar por alto las consideraciones éticas al realizar investigaciones sobre el desarrollo psicosocial. Dada la naturaleza sensible de los problemas de desarrollo, los investigadores deben priorizar el bienestar y la confidencialidad de los participantes, especialmente cuando estudian temas sensibles como el trauma, el apego y la identidad. Implementar protocolos éticos sólidos y obtener el consentimiento informado son pasos esenciales para mantener la integridad de la investigación sobre el desarrollo psicosocial. Además, la influencia de los factores contextuales en los resultados del desarrollo introduce otra capa de complejidad a las consideraciones metodológicas. La cultura, el nivel socioeconómico y la dinámica familiar moldean significativamente las trayectorias psicosociales de los individuos. En consecuencia, los investigadores deben considerar cuidadosamente cómo explicar y analizar estas influencias contextuales en sus estudios para evitar la simplificación excesiva o la interpretación errónea de los hallazgos. Abordar las preocupaciones metodológicas en la investigación sobre el desarrollo psicosocial requiere un enfoque multidisciplinario que integre los conocimientos de la psicología, la sociología, la antropología y otras disciplinas relevantes.

Refinamientos teóricos y alternativas

En el estudio del desarrollo psicosocial, la búsqueda de refinamientos teóricos y alternativas es una labor continua que refleja la naturaleza dinámica de la investigación psicológica. Un área significativa de refinamiento teórico implica la contextualización de las etapas psicosociales dentro de los panoramas socioculturales contemporáneos. Los académicos han enfatizado la necesidad de reevaluar la aplicabilidad de las etapas de Erikson en diversos contextos culturales, considerando las complejidades de la globalización y el multiculturalismo. Además, se ha puesto cada vez más énfasis en la integración de perspectivas interseccionales que reconozcan las interacciones entre identidades sociales como la raza, el género, la sexualidad y el nivel socioeconómico en la configuración de las experiencias de desarrollo de los individuos.

Además, modelos alternativos como la perspectiva del curso de vida han cobrado relevancia como marcos complementarios a la teoría de Erikson. Esta perspectiva enfatiza la interconexión del desarrollo individual con los procesos históricos y sociales, ofreciendo una comprensión más integral de las trayectorias humanas a lo largo de la vida. Al incorporar factores históricos y estructurales en el análisis del desarrollo psicosocial, este enfoque amplía el marco tradicional basado en etapas, reconociendo el impacto de fuerzas sociales más amplias en las trayectorias individuales.

El concepto de principio epigenético de la maduración, derivado del trabajo de Erikson, ha experimentado un mayor refinamiento teórico gracias a los avances en la investigación genética y neurocientífica. Esto ha llevado a la integración de los determinantes biológicos y las interacciones gen-ambiente en el paradigma del desarrollo psicosocial, fomentando una perspectiva biopsicosocial más integral.

La evaluación crítica de estos refinamientos teóricos y alternativas requiere considerar sus implicaciones para entornos prácticos como la práctica clínica, la educación y las políticas sociales. ¿Cómo influyen estos marcos en evolución en las intervenciones destinadas a promover resultados psicosociales positivos? ¿De qué manera desafían o complementan los enfoques tradicionales para comprender el desarrollo y el comportamiento humano? Estas son preguntas cruciales que subrayan la relevancia del refinamiento teórico y la diversificación en los estudios sobre desarrollo psicosocial.

Evidencia empírica - Apoyo y escepticismo

En el marco de la teoría del desarrollo psicosocial, los investigadores han realizado extensas investigaciones para determinar el respaldo empírico de las etapas de desarrollo propuestas por Erik Erikson. Estos esfuerzos han generado un rico abanico de hallazgos que refuerzan y cuestionan la teoría.

Numerosos estudios han buscado validar la progresión secuencial de las etapas psicosociales en diversas poblaciones y contextos culturales. Investigaciones longitudinales han seguido a individuos durante períodos prolongados, ofreciendo valiosos datos longitudinales que subrayan la relevancia de los hitos del desarrollo propuestos por Erikson. Los estudios transculturales han contribuido a esclarecer la universalidad o variabilidad cultural de estas etapas, arrojando luz sobre la interacción dinámica entre el desarrollo psicosocial individual y las influencias culturales.

Por el contrario, voces disidentes en el discurso académico han planteado críticas pertinentes a los fundamentos empíricos de la teoría del desarrollo psicosocial. Algunos académicos argumentan que la evidencia no corrobora de manera uniforme la presencia de fases de desarrollo discretas, lo que pone de relieve la fluidez y variabilidad del desarrollo humano. Los debates metodológicos sobre la operacionalización de los constructos clave y los instrumentos de evaluación han generado escepticismo en ciertos círculos académicos, lo que exige una reevaluación crítica de los fundamentos empíricos.

La investigación contemporánea ha revelado hallazgos intrigantes que se apartan de las trayectorias previstas en el modelo de Erikson. Estas anomalías han suscitado intensos debates en la comunidad psicológica, impulsando a los académicos a reconsiderar el paradigma general del desarrollo psicosocial. Además, los avances en las metodologías neurocientíficas han proporcionado nuevas vías para la investigación de los sustratos neuronales y los correlatos biológicos de los procesos psicosociales, ofreciendo una perspectiva complementaria para analizar los principios teóricos.

En este panorama multifacético de investigación empírica, se hace evidente que el campo del desarrollo psicosocial atraviesa una fase de introspección y perfeccionamiento. La interacción dialéctica entre la evidencia que la respalda y las valoraciones escépticas impulsa la evolución de los marcos teóricos, invitando a los académicos a un riguroso análisis empírico y una síntesis teórica.

Perspectivas y críticas interdisciplinarias

1. Antropología Social: Una perspectiva interdisciplinaria destacada que enriquece el discurso sobre el desarrollo psicosocial surge de la antropología social. Los académicos de este campo examinan cómo las prácticas, normas y estructuras culturales se intersecan con el crecimiento individual y la formación de la identidad. Ofrecen perspectivas invaluables sobre cómo las dinámicas sociales influyen en la manifestación y progresión de las etapas psicosociales. Al evaluar críticamente la aplicabilidad universal del modelo de Erikson, los antropólogos sociales resaltan la necesidad de una comprensión matizada del desarrollo que respete la diversidad cultural.

2. Neurociencia y Psicobiología: La aparición de metodologías neurocientíficas sofisticadas ha abierto nuevas vías para la evaluación y la crítica de la teoría del desarrollo psicosocial. Los investigadores en neurociencia y psicobiología investigan los correlatos neuronales de los procesos emocionales y cognitivos implicados en las etapas eriksonianas. Sus hallazgos respaldan y cuestionan el modelo psicosocial, destacando la compleja interacción entre los mecanismos biológicos y las experiencias psicosociales. La integración de la evidencia neurocientífica con la teoría psicosocial ofrece una comprensión más completa del desarrollo humano, a la vez que plantea importantes interrogantes sobre el papel de la biología en la configuración de los resultados psicosociales.

3. Estudios Críticos de Género: Otra perspectiva interdisciplinaria a través de la cual se examina la teoría del desarrollo psicosocial son los estudios críticos de género. Esta perspectiva examina las dimensiones de género de la construcción de la identidad y las relaciones interpersonales dentro del marco de Erikson. Destaca los sesgos y limitaciones inherentes a la representación de diversas identidades de género a lo largo de las ocho

etapas, enfatizando la necesidad de un enfoque inclusivo e interseccional para comprender el desarrollo psicosocial. Además, los estudios críticos de género visibilizan las fuerzas socioculturales que perpetúan las desigualdades de género, arrojando así luz sobre la interacción dinámica entre las dinámicas de género y las trayectorias de desarrollo.

4. Filosofía y Ética: Las indagaciones filosóficas y éticas también aportan valiosas críticas a la teoría del desarrollo psicosocial. Los investigadores en estos campos cuestionan los fundamentos morales y las implicaciones éticas de los ideales normativos arraigados en las etapas de Erikson. Al participar en discursos filosóficos, incitan a reflexionar sobre las expectativas sociales y los estándares normativos impuestos en el marco del desarrollo psicosocial. Además, las perspectivas éticas llaman la atención sobre el posible impacto de los sistemas de valores y las diferencias de poder en el recorrido individual por las etapas, abogando por un enfoque más ético para el estudio y la aplicación de la teoría psicosocial.

COMPARACIÓN CON OTRAS TEORÍAS DEL DESARROLLO

Teoría psicoanalítica de Sigmund Freud

La teoría psicoanalítica de Sigmund Freud ha influido significativamente en el campo de la psicología, en particular en la comprensión del desarrollo de la personalidad. Freud propuso que el comportamiento y el desarrollo humanos están fuertemente influenciados por procesos inconscientes, específicamente el Ello, el Yo y el Superyó. Según Freud, el desarrollo de la personalidad de un individuo ocurre en distintas etapas: oral, anal, fálica, latente y genital. Estas etapas se caracterizan por conflictos psicosexuales específicos que configuran la estructura psicológica y el comportamiento del individuo. Además, Freud enfatizó el papel de las experiencias de la primera infancia, especialmente la relación padre-hijo, en la formación de la personalidad y el bienestar emocional. En la teoría psicoanalítica es central el concepto de mecanismos de defensa, que los individuos emplean inconscientemente para lidiar con la ansiedad y proteger el Yo de pensamientos o emociones angustiantes. Estos mecanismos incluyen la represión, la negación, la proyección y la sublimación, entre otros. Si bien la teoría psicoanalítica de Freud ha influido en la comprensión de la complejidad del desarrollo y el comportamiento humanos, también ha enfrentado críticas y desafíos. Los críticos han cuestionado la falta de evidencia empírica que respalde los conceptos de Freud, así como el gran énfasis de la teoría en las pulsiones sexuales y agresivas como determinantes del desarrollo. Además, el enfoque de Freud en los conflictos internos y las experiencias de la primera infancia ha sido criticado por descuidar el impacto de los factores sociales y culturales en el desarrollo humano. No obstante, la teoría psicoanalítica de Freud sentó las bases para una mayor exploración del inconsciente y su influencia en el desarrollo humano, sentando las bases para posteriores enfoques psicodinámicos y psicoanalíticos en psicología.

Teoría del desarrollo cognitivo de Jean Piaget

La teoría del desarrollo cognitivo de Jean Piaget constituye un marco fundamental en el campo de la psicología del desarrollo. Piaget se centró en comprender cómo los niños adquieren conocimientos y desarrollan sus capacidades intelectuales a medida que crecen. Un elemento central de la teoría de Piaget es el concepto de esquemas, que son estructuras mentales que los individuos utilizan para interpretar y comprender el mundo que los rodea. Según Piaget, los niños construyen activamente su comprensión del mundo mediante los procesos de asimilación y acomodación. La asimilación implica incorporar nueva información a los esquemas existentes, mientras que la acomodación requiere modificar los esquemas existentes o crear nuevos en respuesta a nuevas experiencias.

Piaget propuso cuatro etapas distintas del desarrollo cognitivo: la etapa sensoriomotora, la etapa preoperacional, la etapa de operaciones concretas y la etapa de operaciones formales. Estas etapas reflejan la evolución en la forma en que los niños piensan, razonan y resuelven problemas a medida que maduran. Por ejemplo, la etapa sensoriomotora, que se extiende desde el nacimiento hasta los dos años aproximadamente, se caracteriza por la dependencia de los niños de la información sensorial y las acciones motoras para comprender el mundo. En contraste, la etapa de operaciones formales, que generalmente se alcanza en la adolescencia, se caracteriza por la capacidad para el pensamiento abstracto y el razonamiento hipotético.

Una de las contribuciones clave de la teoría de Piaget es su énfasis en el papel del juego en el desarrollo cognitivo. Piaget observó que los niños participan en diversas formas de juego, como el juego simbólico y el juego constructivo, que facilitan la exploración de nuevos conceptos y la resolución de problemas. A través del juego, los niños pueden experimentar con diferentes escenarios, manipular objetos y poner a prueba su comprensión, en desarrollo, de las relaciones de causa y efecto.

Los críticos han planteado varios puntos de controversia con respecto a la teoría del desarrollo cognitivo de Piaget. Algunos argumentan que Piaget subestimó las capacidades de los niños pequeños y pasó por alto la influencia de los factores culturales y sociales en el desarrollo cognitivo. Además, la investigación contemporánea ha resaltado la variabilidad individual en el ritmo y la secuencia del desarrollo cognitivo, cuestionando la universalidad de las etapas propuestas por Piaget.

Teoría del apego de John Bowlby y Mary Ainsworth

La teoría del apego, desarrollada por John Bowlby y ampliada por Mary Ainsworth, presenta un marco integral para comprender la dinámica de los vínculos emocionales entre los bebés y sus cuidadores principales. Esta teoría postula que las interacciones tempranas con los cuidadores moldean el desarrollo emocional y social del niño, influyendo en su capacidad para establecer relaciones y regular sus emociones a lo largo de la vida. El concepto de "sistema conductual del apego" es central en la teoría del apego, que impulsa a los bebés a buscar la proximidad y el consuelo de sus cuidadores en momentos de angustia o desconocimiento.

Bowlby identificó cuatro etapas clave en el desarrollo del apego: preapego (desde el nacimiento hasta las 6 semanas), apego en desarrollo (desde las 6 semanas hasta los 8 meses), apego definido (desde los 8 meses hasta los 18 meses) y formación de una relación recíproca (a partir de los 18 meses). Cada etapa representa un avance crucial en la comprensión y la dependencia del niño de sus cuidadores principales, sentando las bases para su funcionamiento socioemocional.

El emblemático experimento "Situación Extraña" de Mary Ainsworth amplió el trabajo de Bowlby, categorizando los estilos de apego infantil en seguro, inseguro-evitativo e inseguro-ambivalente/resistente. El estudio reveló cómo la receptividad y la disponibilidad del cuidador influyen directamente en la sensación de seguridad y exploración del niño en su entorno. Esta investigación pionera proporcionó evidencia empírica del profundo impacto de las experiencias tempranas de apego en los patrones relacionales y el bienestar emocional posteriores.

En la psicología contemporánea, la teoría del apego ha trascendido su enfoque original en las relaciones entre padres e hijos para fundamentar la comprensión de las relaciones románticas, las amistades e incluso las alianzas terapéuticas en adultos. Además, ha influido en las intervenciones destinadas a fomentar apegos saludables en entornos de cuidado infantil y en la práctica clínica. Al profundizar en la interacción entre el temperamento infantil, la receptividad parental y los factores ambientales, la teoría del apego sigue siendo una valiosa herramienta para comprender los vínculos humanos y el desarrollo emocional.

Teoría del aprendizaje social de Albert Bandura

La Teoría del Aprendizaje Social de Albert Bandura propone que las personas aprenden observando a otros en el contexto de interacciones sociales, experiencias e influencias mediáticas externas. El concepto de modelado es fundamental en esta teoría, según el cual las personas emulan las conductas de otros e incorporan estas observaciones a su propio repertorio. Bandura enfatizó el papel de los procesos cognitivos en el aprendizaje, afirmando que las personas participan activamente en la toma de decisiones sobre si imitar la conducta observada en función de las consecuencias previstas. Este proceso, conocido como refuerzo vicario, desempeña un papel fundamental en la formación de la conducta y las actitudes. Bandura introdujo además el concepto de autoeficacia, destacando la importancia de la confianza de una persona en su capacidad para ejecutar una conducta eficazmente y lograr los resultados deseados. A través de su investigación, Bandura demostró el impacto del aprendizaje observacional en diversos entornos, incluyendo la conducta agresiva, la conducta prosocial y la adquisición de nuevas habilidades. Además, elucidaba el papel de los factores ambientales, como la influencia de las personas significativas y las normas sociales, en la formación del aprendizaje observacional. La teoría de Bandura tiene profundas implicaciones para comprender el desarrollo humano, la educación y el papel de los medios de comunicación en la influencia del comportamiento. Además, ha sido fundamental para fundamentar intervenciones dirigidas a la modificación del comportamiento, el desarrollo de habilidades y el fomento de conductas sociales positivas. En contextos contemporáneos, la Teoría del Aprendizaje Social sigue siendo un marco fundamental para explorar las complejidades del aprendizaje y el comportamiento humanos, contribuyendo a avances en áreas como la psicología, la educación y la política social.

Comparación cruzada de etapas clave del desarrollo

A medida que profundizamos en la comparación cruzada de estas etapas en diferentes teorías, es importante reconocer que, si bien cada teoría del desarrollo enfatiza diferentes aspectos del desarrollo, también hay convergencias y divergencias notables en sus conceptualizaciones.

La primera etapa clave del desarrollo que estas teorías suelen explorar es la infancia y la niñez temprana. Teóricos psicoanalíticos como Sigmund Freud enfatizan la importancia de las etapas oral y anal, destacando el papel de las necesidades básicas y la gratificación, mientras que teóricos del desarrollo cognitivo como Jean Piaget se centran en la inteligencia sensoriomotora y la adquisición de la permanencia del objeto. Por otro lado, teóricos del apego como John Bowlby y Mary Ainsworth arrojan luz sobre la importancia de formar vínculos seguros con los cuidadores principales durante esta etapa, lo que influye en el desarrollo socioemocional futuro.

Al llegar a la etapa preescolar y a los primeros años de la escuela, estas teorías difieren en su énfasis en el desarrollo cognitivo y social. La teoría piagetiana enfatiza la etapa preoperacional y el desarrollo del pensamiento simbólico, mientras que la teoría del aprendizaje social de Albert Bandura introduce el concepto de aprendizaje observacional y el papel del modelado en la formación del comportamiento. Además, los teóricos psicoanalíticos exploran el surgimiento de la etapa fálica, con sus complejos de Edipo y Electra asociados, que influyen en el desarrollo de la identidad de género y la sexualidad.

A medida que los niños pasan a la infancia media y la adolescencia, las divergencias y convergencias en las teorías del desarrollo se acentúan. La teoría de Piaget enfatiza el pensamiento operacional concreto y el pensamiento operacional formal, destacando el desarrollo del razonamiento lógico y las habilidades de pensamiento abstracto. De igual manera, la teoría psicosocial de Erik Erikson introduce las influyentes etapas de laboriosidad versus inferioridad e identidad versus confusión de roles, enfatizando el papel de las interacciones sociales y la formación de la identidad propia. Además, la teoría del apego subraya la importancia de las relaciones con los iguales y las exploraciones fuera del núcleo familiar en la configuración del panorama socioemocional del niño.

Divergencias y convergencias teóricas

A primera vista, una de las divergencias fundamentales que podemos detectar reside en el enfoque de estas teorías. Por ejemplo, mientras que la teoría psicosocial de Erikson enfatiza la interacción entre la formación de la identidad individual y el contexto social, la teoría psicoanalítica de Sigmund Freud se centra principalmente en los conflictos intrapersonales arraigados en las experiencias de la primera infancia. De igual manera, la teoría del desarrollo cognitivo de Jean Piaget enfatiza los procesos cognitivos internos de los niños a medida que construyen conocimiento sobre el mundo, en contraste con el enfoque socioemocional más amplio de Erikson. Sin embargo, a pesar de estas divergencias, también existen convergencias notables. Entre estas teorías, existe un reconocimiento consistente de la influencia formativa de las experiencias tempranas en el desarrollo posterior. Además, el reconocimiento de distintas etapas del desarrollo es una característica compartida por muchas teorías del desarrollo, aunque con diferentes conceptualizaciones. Estas divergencias y convergencias impulsan a los académicos a evaluar críticamente y sintetizar diversas perspectivas para obtener una comprensión más integral del desarrollo humano. Además, el grado en que estas teorías se complementan o se contradicen entre sí plantea preguntas cruciales sobre la integración y la aplicación interdisciplinaria de los marcos de desarrollo. La convergencia de estas teorías también subraya la necesidad de una perspectiva multidimensional que reconozca las relaciones recíprocas entre las facetas cognitivas, emocionales y sociales del desarrollo. Si bien las divergencias teóricas brindan un terreno fértil para el debate académico, también ofrecen oportunidades excepcionales para la síntesis y la integración.

Enfoques metodológicos en comparación

Al comparar y contrastar diferentes teorías del desarrollo, es fundamental adoptar enfoques metodológicos rigurosos y bien definidos. El proceso implica evaluar las fortalezas y limitaciones de cada teoría, identificar puntos en común y disparidades, y, en última instancia, sintetizar los conocimientos para obtener una comprensión integral del desarrollo humano. Los enfoques metodológicos en la comparación abarcan diversas estrategias, como revisiones sistemáticas de la literatura, metaanálisis y estudios empíricos que evalúan directamente las predicciones de diferentes teorías. Además, los análisis cualitativos, como las revisiones narrativas y los mapas conceptuales, pueden ofrecer perspectivas valiosas sobre la interconexión de los conceptos del desarrollo en las distintas teorías. Es crucial reconocer los factores culturales y contextuales que pueden influir en las interpretaciones y aplicaciones de estas teorías. Por lo tanto, emplear métodos de investigación transculturales y considerar diversos contextos socioeconómicos resulta imperativo para garantizar un enfoque holístico de la comparación. Asimismo, el uso de metodologías interdisciplinarias que incorporan principios de la sociología, la antropología y la neurociencia puede proporcionar un análisis más matizado y completo de las teorías del desarrollo.

Además, la triangulación metodológica, donde se utilizan múltiples métodos o fuentes de datos para validar los hallazgos, garantiza la solidez y fiabilidad de los análisis comparativos. Asimismo, el uso de estudios longitudinales y enfoques a lo largo de la vida ofrece una perspectiva privilegiada para examinar la continuidad y la evolución de los procesos de desarrollo y cómo se alinean o difieren entre diversas teorías. El uso de técnicas estadísticas avanzadas, como el modelado de ecuaciones estructurales y el análisis de variables latentes, permite cuantificar los constructos teóricos y comprobar relaciones complejas entre las teorías del desarrollo. Asimismo, la integración de diseños de investigación con métodos mixtos que combinan métodos cuantitativos y cualitativos de recopilación y análisis de datos puede enriquecer la comparación al captar tanto la amplitud como la profundidad de los fenómenos del desarrollo.

La perspectiva crítica a través de la cual se aplican los enfoques metodológicos comparativos implica identificar y abordar posibles sesgos, suposiciones y perspectivas etnocéntricas inherentes a las teorías que se comparan. Al adoptar una postura reflexiva y participar en debates sobre los fundamentos filosóficos y epistemológicos subyacentes a las diferentes teorías del desarrollo, los investigadores pueden sortear posibles obstáculos y desarrollar una comprensión más holística del desarrollo. En definitiva, los enfoques metodológicos comparativos sirven como un puente esencial que conecta los marcos teóricos, la evidencia empírica y las implicaciones prácticas, fomentando un rico entramado de conocimientos en el campo de la psicología del desarrollo.

IMPACTO EN LA PSICOLOGÍA MODERNA

Integración en la práctica psicológica

La teoría del desarrollo psicosocial de Erik Erikson ha influido significativamente y se ha integrado en diversos aspectos de la práctica psicológica. Esta integración ha tenido un profundo impacto en la forma en que los psicólogos comprenden y abordan el desarrollo y la conducta humana. Una de las principales maneras en que se ha integrado la teoría de Erikson es a través de su aplicación en entornos clínicos. Los profesionales de la salud mental han utilizado el marco de las ocho etapas psicosociales para comprender y abordar los desafíos y conflictos del desarrollo de sus pacientes. Al alinear las estrategias de tratamiento con la etapa específica del desarrollo en la que un paciente puede estar experimentando dificultades, los profesionales clínicos pueden adaptar las intervenciones para que se ajusten mejor a las necesidades y experiencias de sus pacientes. Este enfoque personalizado mejora la eficacia de las intervenciones terapéuticas, lo que en última instancia beneficia a los pacientes. Además, la teoría de Erikson se ha incorporado a las prácticas educativas y de asesoramiento, donde guía a educadores y consejeros en la comprensión de los desafíos sociales y emocionales que enfrentan las personas en diferentes etapas del desarrollo. El énfasis de la teoría en la interacción entre la constitución biológica, la influencia social y las experiencias personales de un individuo proporciona un marco holístico para abordar los problemas psicológicos a lo largo de la vida. Más allá de las aplicaciones clínicas y educativas, la teoría también se ha extendido a la psicología organizacional y al desarrollo del liderazgo. Los profesionales de estos campos utilizan el modelo de etapas de Erikson para comprender cómo las personas progresan a través de diversos hitos psicosociales, lo que a su vez impacta su toma de decisiones, sus relaciones interpersonales y su bienestar general en el entorno laboral. Además, el concepto de formación de la identidad y confusión de roles, central en la quinta etapa de desarrollo de Erikson, ha sido fundamental para la orientación profesional y la psicología vocacional.

Influencia en la psicología del desarrollo

Un área clave donde la teoría de Erikson ha influido significativamente en la psicología del desarrollo es al proporcionar un marco integral para mapear las diversas etapas del crecimiento psicosocial, desde la infancia hasta la vejez. Al reconocer la interacción entre factores biológicos, psicológicos y sociales, el modelo de Erikson ha enriquecido nuestra comprensión de cómo las personas progresan a través de las diferentes etapas de la vida, abordando tareas y crisis clave del desarrollo a lo largo del camino. Además, su énfasis en el papel de la identidad y las relaciones interpersonales ha contribuido a un enfoque más holístico para el estudio del desarrollo humano. Las ideas de Erikson también han impulsado las investigaciones, lo que ha llevado a una exploración más profunda del impacto de las influencias culturales y sociales en las trayectorias del desarrollo. Asimismo, su identificación de períodos críticos en los que se alcanzan hitos psicosociales específicos ha guiado a los investigadores en el diseño de intervenciones y sistemas de apoyo adaptados a las diferentes fases del desarrollo. Asimismo, la teoría de Erikson ha animado a los académicos a investigar las implicaciones de los conflictos psicosociales no abordados en diversas etapas, arrojando luz sobre las consecuencias a largo plazo de los desafíos del desarrollo no resueltos. A través de esta perspectiva, los psicólogos del desarrollo han adquirido valiosos conocimientos sobre la persistencia de ciertos patrones conductuales y emocionales en la edad adulta. Cabe destacar que la teoría de Erikson continúa inspirando el estudio de la resiliencia y los mecanismos de afrontamiento, ya que los académicos buscan comprender cómo las personas superan la adversidad y logran resultados psicosociales positivos. Esta firme influencia en la psicología del desarrollo subraya la relevancia del trabajo de Erikson para moldear nuestra comprensión del crecimiento y la adaptación humana a lo largo de la vida.

Adaptaciones en la terapia cognitivo-conductual

La terapia cognitivo-conductual (TCC) ha evolucionado significativamente con la integración de la teoría del desarrollo psicosocial de Erikson en su marco. La adaptación de la TCC para incorporar los conceptos eriksonianos ha proporcionado un enfoque más integral para abordar problemas psicológicos a lo largo de la vida. Una adaptación clave consiste en reconocer el impacto de las experiencias tempranas del desarrollo en el funcionamiento cognitivo y emocional de una persona. Al comprender cómo las etapas psicosociales influyen en las creencias y patrones de pensamiento fundamentales, los terapeutas de TCC pueden adaptar las intervenciones para abordar problemas profundos arraigados en cada etapa del desarrollo.

La incorporación de los principios de Erikson ha permitido que la TCC se centre de forma más explícita en la formación de la identidad, las relaciones interpersonales y las preocupaciones existenciales. Este enfoque ampliado permite a los terapeutas ayudar a los clientes a gestionar las transiciones vitales, resolver crisis de identidad y abordar cuestiones relacionadas con la intimidad, la generatividad y la integridad. Al integrar las tareas de desarrollo de Erikson en la TCC, los terapeutas pueden guiar a los clientes en la exploración de cuestiones existenciales y en el logro de una sensación de plenitud y propósito en sus vidas.

Otra adaptación significativa implica el uso de herramientas de evaluación psicosocial dentro del marco de la TCC. Los terapeutas ahora utilizan evaluaciones basadas en el método Eriksoniano para comprender mejor las fortalezas y dificultades psicosociales de los pacientes en diferentes etapas del desarrollo. Esta evaluación holística ayuda a adaptar las intervenciones de TCC para abordar obstáculos psicosociales específicos y facilitar un enfoque terapéutico más integral.

La integración de la teoría de Erikson ha dado lugar al desarrollo de estrategias de TCC adaptadas a la edad de las personas en diversas etapas de su desarrollo. Para niños y adolescentes, los terapeutas de TCC utilizan intervenciones basadas en el juego y técnicas narrativas que se alinean con las tareas de desarrollo de Erikson, fomentando así un desarrollo saludable del Yo y la regulación emocional. En cambio, las intervenciones de TCC para adultos se basan en el trabajo de Erikson para abordar las crisis de la mediana edad, las transiciones de roles y los dilemas existenciales, promoviendo así el crecimiento personal y la autorrealización.

La adaptación de la TCC desde la perspectiva de la teoría de Erikson también subraya la importancia de las consideraciones culturales en la terapia. Los terapeutas ahora son más conscientes de la influencia de los factores culturales y sociales en el desarrollo psicosocial de los pacientes, lo que garantiza que las intervenciones sean culturalmente sensibles y pertinentes. Este enfoque inclusivo fomenta una mayor conexión y comprensión entre terapeutas y pacientes, y mejora la eficacia general de las intervenciones de TCC.

Innovaciones en la terapia infantil y adolescente

En el campo de la terapia infantojuvenil, la influencia de la teoría del desarrollo psicosocial de Erikson ha sido profunda y trascendental. Este enfoque innovador enfatiza la importancia de comprender los desafíos únicos del desarrollo que enfrentan los jóvenes a lo largo de las diferentes etapas de su vida. Una de las contribuciones clave de la teoría de Erikson a la terapia infantojuvenil es el reconocimiento de la interacción crucial entre los factores psicosociales y el bienestar psicológico. Al reconocer el impacto de las interacciones sociales, la formación de la identidad y la regulación emocional en el desarrollo integral del niño, los terapeutas pueden diseñar intervenciones holísticas y adaptadas a las necesidades específicas de los jóvenes.

El énfasis de Erikson en los conceptos de «confianza versus desconfianza» en la infancia, «autonomía versus vergüenza y duda» en la primera infancia, y «laboriosidad versus inferioridad» en la primera infancia proporciona un marco para comprender los desafíos psicosociales que enfrentan los niños en diferentes etapas de su desarrollo. Los terapeutas expertos en los principios eriksonianos pueden emplear estas perspectivas para facilitar la formación de una identidad sana, promover la resiliencia y abordar los conflictos psicosociales subyacentes en la población infantil y adolescente. La aplicación de la teoría de Erikson en la terapia infantil y adolescente también subraya la importancia de crear un entorno de apoyo y cuidado que fomente la exploración, la autonomía y la competencia, permitiendo así que los jóvenes superen los obstáculos del desarrollo con confianza y adaptabilidad.

La naturaleza integradora del enfoque de Erikson permite a los terapeutas explorar las interconexiones entre los dominios cognitivo, emocional y social en el desarrollo infantil. Esta perspectiva integral proporciona una base sólida para estrategias terapéuticas que abarcan la compleja interrelación de los procesos psicológicos internos y las influencias sociales externas. Al abordar las dinámicas complejas entre el autoconcepto en evolución del niño, sus relaciones interpersonales y su entorno, los terapeutas pueden ofrecer intervenciones adaptadas a las necesidades de cada joven cliente.

Incorporación a la psicoterapia de adultos

Una de las principales maneras en que la teoría de Erikson se ha integrado en la psicoterapia para adultos es a través de la comprensión de las tareas y desafíos del desarrollo que enfrentan los adultos en las diferentes etapas de su vida. Los terapeutas utilizan este marco para ayudar a sus clientes a explorar y sanar problemas no resueltos de etapas anteriores de la vida que puedan estar afectando su bienestar psicológico actual. Por ejemplo, el concepto de generatividad versus estancamiento en la adultez media, según la teoría de Erikson, permite a los terapeutas guiar a los clientes en la exploración de su sentido de propósito y contribución a la sociedad, así como en el abordaje de cualquier sentimiento de estancamiento o desesperación. Además, la integración de la teoría de Erikson en la psicoterapia para adultos implica la consideración de la formación de la identidad a lo largo de la edad adulta. Esto incluye ayudar a los clientes a examinar y gestionar las complejidades de sus identidades y roles en evolución, especialmente durante transiciones vitales importantes, como cambios de carrera, estado civil o paternidad. La aplicación terapéutica del concepto de integridad versus desesperación de Erikson en la adultez tardía permite a los terapeutas apoyar a las personas en la búsqueda de significado y aceptación a medida que reflexionan sobre sus experiencias vitales. Además, la incorporación del marco de Erikson se extiende a la exploración de las dinámicas relacionales y los desafíos interpersonales que enfrentan los adultos. Los terapeutas utilizan la teoría para ayudar a sus clientes a discernir y abordar cualquier conflicto no resuelto relacionado con la confianza, la intimidad y la generatividad en sus relaciones. Al basarse en el modelo de Erikson, los terapeutas pueden ofrecer un enfoque integral para comprender y abordar los problemas psicológicos que experimentan los adultos, promoviendo así la sanación y el crecimiento holísticos. En conclusión, la teoría del desarrollo psicosocial de Erikson ha mejorado significativamente el panorama de la psicoterapia para adultos al proporcionar una perspectiva matizada sobre los desafíos y las oportunidades del desarrollo que se encuentran en la edad adulta, y al ofrecer un marco para abordar estos problemas en un contexto terapéutico.

Contribuciones a los métodos de evaluación psicosocial

Una de las contribuciones clave de la teoría de Erikson es su énfasis en la importancia de considerar tanto los factores psicológicos como los sociales al evaluar el desarrollo individual. Los métodos de evaluación psicosocial basados en los principios de Erikson consideran no solo los procesos psicológicos internos, sino también los contextos sociales externos, las relaciones y las influencias culturales. Al incorporar estas dimensiones más amplias, las evaluaciones pueden ofrecer una comprensión más holística del funcionamiento individual y proporcionar información valiosa para la planificación de intervenciones y tratamientos.

La identificación de Erikson de las distintas etapas del desarrollo y las tareas psicosociales asociadas ha fundamentado el diseño de herramientas de evaluación adaptadas para evaluar dominios específicos del desarrollo. Este enfoque matizado permite a profesionales clínicos e investigadores obtener una comprensión más detallada de las fortalezas, los desafíos y el progreso del desarrollo de cada individuo en las diferentes etapas de la vida.

Además, la teoría de Erikson ha inspirado la integración de métodos de evaluación basados en la narrativa, reconociendo la importancia de las historias de vida de las personas en la formación de su identidad y bienestar psicológico. Los enfoques narrativos de evaluación permiten a las personas articular sus experiencias, dilemas y aspiraciones, ofreciendo datos cualitativos valiosos que enriquecen las medidas cuantitativas tradicionales. Estas evaluaciones basadas en la narrativa se alinean con la naturaleza holística de la teoría de Erikson, captando las complejidades de las trayectorias psicosociales de las personas.

El énfasis de Erikson en la interacción entre el desarrollo individual y las influencias culturales ha llevado a la adaptación de métodos de evaluación sensibles a diversos contextos culturales. Las herramientas de evaluación culturalmente receptivas, basadas en los conceptos eriksonianos, buscan minimizar los sesgos y captar mejor las trayectorias de desarrollo únicas moldeadas por las normas, valores y experiencias culturales.

Finalmente, la influencia de la teoría de Erikson en la evaluación psicosocial se extiende al ámbito de la investigación, donde su marco conceptual ha guiado el desarrollo de medidas y protocolos estandarizados para la investigación de los fenómenos psicosociales. Al proporcionar una base estructurada para evaluar la formación de la identidad, las relaciones interpersonales y las estrategias de afrontamiento, la teoría de Erikson ha enriquecido la metodología de los estudios empíricos, permitiendo a los investigadores profundizar en las complejidades del desarrollo y la conducta humana.

El papel en los estudios de investigación modernos

En el ámbito de la investigación moderna, la teoría del desarrollo psicosocial de Erikson ha desempeñado un papel fundamental en la configuración del panorama de la psicología. Investigadores de diversos subcampos han encontrado aplicaciones para esta teoría en la comprensión del comportamiento y el desarrollo humano. Un área donde la teoría de Erikson ha sido particularmente influyente es en los estudios longitudinales que exploran la trayectoria de los individuos a lo largo de su vida. Al aplicar el marco de las ocho etapas de Erikson, los investigadores han obtenido información valiosa sobre cómo las personas superan los desafíos y conflictos en las diferentes etapas de la vida. Esto ha llevado a una comprensión más profunda de los factores que contribuyen al desarrollo saludable y la resiliencia, así como a la vulnerabilidad a las dificultades psicosociales. Además, el énfasis de la teoría en la interacción entre el desarrollo individual y el contexto sociocultural ha impulsado a los investigadores a investigar el impacto de las influencias culturales y ambientales en los resultados psicosociales. Esto ha abierto caminos para la investigación transcultural que busca dilucidar los aspectos universales del desarrollo, reconociendo al mismo tiempo la diversidad de experiencias psicológicas en diferentes contextos culturales. Además, el énfasis de Erikson en la formación de la identidad y la exploración de roles ha proporcionado un terreno fértil para la investigación en áreas como el desarrollo de la identidad, el autoconcepto y la identidad social. Diversos estudios han utilizado el marco de Erikson para investigar cómo evoluciona la identidad en respuesta a cambios sociales, avances tecnológicos y otras fuerzas externas. Asimismo, la noción de crisis psicosociales inherentes a cada etapa ha impulsado a los investigadores a examinar la manifestación y resolución de estas crisis en diversas poblaciones, arrojando luz sobre las variaciones en el desarrollo psicosocial dentro y entre culturas. La influencia de la teoría de Erikson no se limita únicamente a la psicología del desarrollo; ha permeado esfuerzos de investigación interdisciplinarios, incluyendo campos como la sociología, la educación y las ciencias de la salud. Los esfuerzos colaborativos han aprovechado la conceptualización de Erikson sobre los desafíos psicosociales para fundamentar intervenciones destinadas a promover el bienestar mental, fomentar el desarrollo positivo de los jóvenes y abordar los problemas psicosociales que se presentan en las diferentes etapas de la vida.

50 CITAS DE ERIKSON SOBRE EL DESARROLLO PSICOSOCIAL

Sobre la explicación de la teoría

"La vida no tiene sentido sin interdependencia. Nos necesitamos unos a otros, y cuanto antes lo entendamos, mejor para todos".

"La esperanza es la virtud más temprana e indispensable inherente al estado de estar vivo".

"Cuanto más te conoces a ti mismo, más paciencia tienes por lo que ves en los demás".

"En la jungla social de la existencia humana, no hay sensación de estar vivo sin un sentido de identidad".

"Los niños aman y quieren ser amados, y prefieren la alegría del logro al triunfo del odioso fracaso".

Sobre la confianza y la desconfianza

"La esperanza es la convicción de que sucederán cosas buenas incluso cuando las circunstancias no sean favorables".

"La primera tarea del ego es establecer un sentido básico de confianza en el mundo".

"El sentido de confianza de un bebé se forma a través de un cuidado constante y predecible".

"Sin confianza, todas las futuras etapas del desarrollo se construyen sobre terreno inestable".

"Un niño desconfiado se convierte en un adulto suspicaz".

Sobre la autonomía versus la vergüenza y la duda

"Hay que permitir que los niños pequeños ejerzan su voluntad y su independencia, de lo contrario corren el riesgo de sentir vergüenza y duda".

"El autocontrol y la confianza surgen del éxito temprano en el manejo de las funciones y elecciones corporales".

"Los padres no deben ser demasiado restrictivos o el niño se sentirá avergonzado de sus deseos".

"La autonomía conduce al coraje; la vergüenza conduce a la inhibición".

"La sobreprotección fomenta la duda; el estímulo fomenta la voluntad".

Sobre la iniciativa versus la culpa

"Se debe permitir al niño explorar, iniciar actividades y hacer preguntas".

"La culpa surge cuando se castigan o desalientan las iniciativas de un niño".

"Un niño a quien se le permite liderar desarrolla un sentido de propósito".

"Deja que el niño juegue a ser héroe y podrá convertirse en uno".

"La iniciativa es la base de la ambición".

Sobre la industria versus la inferioridad

“Los niños aprenden a sentirse competentes al dominar las tareas”.

“El estímulo en esta etapa alimenta un sentido de trabajo que perdurará toda la vida”.

“Los sentimientos de inferioridad surgen cuando un niño siente que no puede cumplir con las expectativas”.

“La productividad es identidad en movimiento”.

“La escuela se convierte en un entorno clave donde se construyen o se destruyen las competencias”.

Sobre la identidad frente a la confusión de roles

“El adolescente debe forjar una identidad a partir de los valores, creencias y roles a los que está expuesto”.

“La identidad nunca se “adquiere” de una vez por todas; se redefine a lo largo de la vida”.

“La confusión de roles surge cuando uno no está seguro de su lugar en la sociedad”.

“Para ser tú mismo, primero debes descubrir quién eres”.

“La fidelidad es la capacidad de mantener lealtades frente a sistemas de valores conflictivos”.

Sobre la intimidad versus el aislamiento

“Sólo alguien seguro de sí mismo puede realmente arriesgarse a tener intimidad”.

"El amor es la devoción mutua entre individuos que se han encontrado a sí mismos".

"El aislamiento es la incapacidad de conectarse con los demás a un nivel profundo".

"La intimidad no es sólo cercanía física, sino apertura emocional".

"La fuerza de esta etapa es el amor: la capacidad de dejar de lado las diferencias en aras de una identidad compartida".

Sobre la generatividad versus el estancamiento

"La generatividad es la preocupación por guiar a la próxima generación".

"El estancamiento es resultado de una vida egocéntrica e improductiva".

"Un hombre debe tener algo que dejar atrás".

"La productividad y la creatividad son signos de una vida generativa".

"El peligro de la mediana edad es volverse demasiado egocéntrico".

Sobre la integridad del ego frente a la desesperación

"La integridad del ego significa mirar hacia atrás con un sentido de plenitud".

"La desesperación es el miedo a que la vida se haya desperdiciado".

“La sabiduría es la virtud de esta etapa: la aceptación de la vida tal como era”.

“La etapa final no se trata de evitar la muerte, sino de encontrarle sentido a la vida”.

“Una vejez plena refleja el éxito de etapas anteriores”.

Reflexiones tardías sobre las etapas

“La vejez revisa los conflictos del pasado con nuevos ojos”.

“A menudo es necesaria una segunda mirada a la autonomía, la intimidad y la identidad”.

“Las personas mayores se enfrentan al desafío de mantener la esperanza en medio del deterioro físico”.

“La novena etapa nos obliga a considerar no sólo quiénes somos, sino también cómo vivimos”.

“En el ocaso de la vida, la fuerza surge de aceptar las limitaciones con dignidad”.

www.ingramcontent.com/pod-product-compliance
Lightning Source LLC
LaVergne TN
LVHW010928051026
849532LV00003B/890